POËMES

OUVRAGES DU MÊME AUTEUR

Du Polythéisme hellénique, 1 vol. . . . . . . 3 fr. 50 c.
La Morale avant les Philosophes, 1 vol. . . . 3   50

PARIS. — IMP. SIMON RAÇON ET COMP., RUE D'ERFURTH, 1.

POËMES

PAR

LOUIS MÉNARD

DEUXIÈME ÉDITION AUGMENTÉE

PROMÉTHÉE DÉLIVRÉ
EMPÉDOCLE — ENDYMION
PYGMALION
EUPHORION — HELLAS

PARIS
CHARPENTIER, LIBRAIRE-ÉDITEUR
28, QUAI DE L'ÉCOLE, 28

1865

Il est d'usage, parmi les poëtes, de répondre à l'indifférence toujours croissante du public pour les vers par une préface sur les destinées de la Poésie. On y déclare en général que la Poésie est immortelle, et que ceux qui diraient le contraire blasphémeraient l'esprit humain. Et le public répond : La Poésie est morte; ce n'est ni votre faute ni la mienne, mais il n'y a rien d'implacable comme un fait accompli. L'Architecture est bien morte, pourquoi la Poésie ne mourrait-elle pas?

Il y a des lois similaires dans le monde physique et dans le monde intellectuel : les fonctions se spécialisent par le développement des germes individuels comme par la transformation des espèces primordiales; les langues commencent par la forme synthétique et finissent par la forme analytique. La Poésie, art complexe, doit aussi se résoudre en deux éléments spéciaux et distincts : la musique et la parole. Quand toute voix humaine était une harmonie, toute idée naissait sous une forme cadencée, puis la prosodie et l'accentuation disparaissent successivement des langues, et, peu à peu, la pensée rejette le rhythme même comme une entrave.

Ce n'est pas qu'il ne reste des poëtes, mais tant pis pour ces natures déclassées : il faut savoir naître en temps opportun. Les hommes des âges héroïques ne seraient bons, aujourd'hui, qu'à lutter dans les foires, et le paladin Roland passerait en cour d'assises s'il s'avisait d'arracher des têtes de paysans comme des oignons. Quant aux poëtes, ils ressemblent à des matelots qui, au lieu de s'occuper de la manœuvre, chanteraient des sonnets aux étoiles; c'est pourquoi la société leur marche sur le corps, et elle a raison.

Pourtant la Poésie, jadis reine du monde intellectuel, se fait aussi humble que possible pour conserver une petite place au soleil ; elle renonce à conduire les peuples qui ne l'écoutent plus, elle s'adresse aux individus et devient personnelle. Que me font tes passions et tes rêves? répond le public, mes intérêts m'occupent bien davantage. Que ne vis-tu de ma vie? Parle-moi d'industrie et de science, peut-être t'écouterai-je. Et la Poésie se fait didactique ; mais le moindre traité de physique est plus savant qu'un volume de tirades. Je sais qu'il est de hautes régions où la philosophie, la poésie et la science se confondent, et la théorie des nébuleuses, la statique chimique des êtres organisés, offriraient des tableaux à Lucrèce. Mais la science moderne a-t-elle trouvé des lois assez simples et assez générales pour emprunter la voix d'Empédocle ou de Parménide?

Parfois la Poésie veut entrer dans la politique et s'inspirer d'événements contemporains; elle s'introduit furtivement dans un journal, et rime des premiers-Paris que le bourgeois parcourt pendant son déjeuner.

Mais que sert de prolonger cette agonie ? Attendons une renaissance. Aux vieux âges, dit la Poésie, je suis née dans les temples; peut-être le monde aura-t-il quelque jour besoin d'une religion, et, pour chanter des hymnes, il faudra bien emprunter ma voix. — Si tu n'as pas d'autre espérance, répond l'Humanité, il faut te taire et mourir : j'ai, depuis longtemps, remplacé les symboles par des formules, et je suis trop vieille pour écouter des légendes.

Eh bien, dira la Poésie, la vieillesse aime les souvenirs ; je sais évoquer les ombres, et je te parlerai de ta jeunesse. Moi aussi j'aime à vivre dans le passé ; quand j'ai rêvé l'âge d'or, c'était un souvenir plutôt qu'une espérance. Je relèverai dans les vieux temples les images vénérées de nos dieux d'autrefois. Bientôt, peut-être, notre siècle prendra-t-il moins au sérieux l'apothéose qu'il se décerne si complaisamment à lui-même ; alors nous cesserons de brûler ce qu'ont adoré nos pères, nous reconnaîtrons que la Vérité est éternelle et la révélation permanente ; nous consacrerons le Panthéon de l'Église universelle, et nous y replacerons toutes les formes de l'idéal que l'homme a appelées ses dieux.

Car l'Humanité ne s'est jamais trompée, tous ses dogmes sont vrais, tous les dieux qu'elle a adorés sont réellement des types divins. A travers les avenues de sphinx, pénétrons dans le sanctuaire; bientôt le voile du temple sera déchiré, et l'Esprit va descendre en langues de feu. L'hiérophante dévoilera, pour les initiés, le sens des mystères, et, quand le dogme sera élevé sur les hauteurs sublimes de la symbolique, la raillerie des époques critiques ne pourra plus l'y atteindre; mais la Poésie l'y suivra, et le dernier des poëtes bercera de ses hymnes la vieillesse du monde.

Ce sera, dira-t-on, une véritable poésie de décadence, et qui sent l'école d'Alexandrie. Il serait permis de répondre que nous sommes en effet dans une époque de décadence, ou plutôt que ces mots de décadence et de progrès changent de sens si l'on change de point de vue. L'antiquité reculait ses Édens aux plus vieux âges du monde, et de ces regrets du passé naissaient le respect de la vieillesse et le culte des morts. Il est singulier que cette croyance disparaisse chez les races vieillies. La foi au progrès indéfini est le seul dogme de notre époque. C'est cette foi qui légitime les révolutions et entretient l'activité humaine; nul n'en peut contester la grandeur. Est-il impossible de concilier la contradiction qui semble exister entre ces deux croyances, et n'y a-t-il pas toujours et simultanément progrès d'un côté et décadence de l'autre?

Il y a dans chaque civilisation en particulier, et dans l'humanité en général, des phases et des évolutions qui représentent celles de la vie humaine individuelle. Cette homologie du tout et de la partie est la grande loi de l'histoire qui répond à la loi du clivage en minéralogie. Aux pâles flambeaux de la tradition et de la légende, nous voyons des races puissantes grandir et disparaître. Ces races, étudiées isolément, ont eu leurs périodes de maturité et de vieillesse; mais, comparées à celles qui les ont suivies, elles représentent l'enfance de l'humanité. Avec cette vitalité puissante, cette confiance infinie de l'enfant dans l'avenir, elles creusent les montagnes et taillent le granit en monuments éternels. Comme l'enfant aussi, étonné et inquiet de la faiblesse de l'homme devant la toute-puissante nature, qui l'étreint et l'écrase, l'antique Orient en adore les forces énergiques et sauvages, formes multiples d'une substance infinie toujours immuable sous ses mille incarnations, tantôt bienfaisante, tantôt funeste; le lion du désert et le mystérieux dragon ont des temples comme les astres impérissables qui versent d'en haut leur lumière sacrée et leurs occultes influences.

Cette vie, si mobile et si régulière, inconsciente et sûre d'elle-même, le frappe de respect et d'épouvante : tantôt il veut se dégager des bras de cette nature absorbante et terrible, tantôt il se précipite tête baissée dans le tourbillon de la vie universelle. La grande prostituée de Babylone convie aux fêtes de Mylitta les peuples sensuels de la Chaldée. Les forêts vierges de l'Inde sont jonchées de pâles anachorètes qui, fermant les yeux au rêve divin, cherchent l'immuable caché sous l'illusion mobile des apparences, et s'y noient comme dans une mer pour échapper au fardeau des métempsycoses. L'Égypte se couche le long de son fleuve, et dans ses temples de granit, où rugissent les monstres de l'Afrique, garde mystérieusement le secret du sphinx éternel. Mais les races belliqueuses de la haute Asie acceptent la vie comme un combat et entrent armées dans l'arène où luttent le bien et le mal, la lumière et les ténèbres, l'attraction et la répulsion, l'Être et le néant; solution magnifique de cette antinomie incessante d'où résulte la vie.

Cependant l'enfant grandit; déjà dans les forêts il a dompté les monstres, et dans le sentiment de sa force il puise la notion de son droit. Les théocraties pétrifiantes des races agenouillées ne prennent pas racine sur le sol béni de la Grèce : partout des législateurs au berceau des républiques. La fière jeunesse s'y fortifie par la lutte et par la conscience de sa dignité morale. Dans l'âpre Idumée, si Job se plaint de l'injustice de Jéhovah, le Dieu du désert lui répond : « Où étais-tu quand je semai les étoiles? » Cet argument n'eût pas suffi en Grèce; l'homme y est si grand, qu'il traite les dieux en égaux. OEdipe se déclare innocent devant eux de son crime involontaire, car il n'a pas violé sciemment les lois dont parle Antigone, ces lois primitives, écrites dans la conscience humaine. Les dieux mêmes y sont soumis, ou plutôt ils sont eux-mêmes les lois de la nature et de l'esprit, ils sont l'ordre et la proportion de l'univers, ces dieux de l'harmonie incarnés dans le marbre, en vain blasphémés depuis par l'impiété des races barbares, et qui ont révélé au monde l'idée du droit dans la politique, l'idée du beau dans l'art ; dieux indulgents, qu'on honore par le culte libre et facile de l'amour, comme il convient aux dieux de la beauté.

Hélas! qu'il est court ce printemps bienheureux de l'humanité, cet âge toujours regrettable de l'adolescence du monde! Le lendemain du bonheur est d'une morne tristesse :

Surgit amari aliquid medio de fonte leporum.

Le jour vient où la jeunesse, couronnée de fleurs, préfère aux faciles plaisirs de l'inconstance les angoisses d'un exclusif et sombre amour. Nos forces se sont usées dans la lutte, il nous faut le repos, fût-ce dans l'esclavage; et puis nos joies d'hier nous pèsent comme un remords, et le sang d'un Dieu suffirait à peine à laver nos souillures. Où est le rédempteur, le Dieu nouveau qui doit succéder à Zeus, d'après les vieux oracles? Est-ce le dieu des mystiques orgies, Éleuthère, le libérateur, l'endormeur des soucis de l'âme? Non : pour comprendre les souffrances humaines, il faut être homme et avoir souffert. Sera-ce le dompteur des monstres, celui qui enchaîne Cerbère et délivre Prométhée? Hélas! le serpent qui nous ronge est plus vivace que l'hydre de Lerne, et nos remords sont plus lancinants que les vautours du Caucase. Interrogeons l'Orient, qui depuis si longtemps incarne ses dieux pour le salut du monde.

Alors s'ouvrent les sanctuaires de l'Asie, berceau des races divines, et la terre voit apparaître les sauveurs attendus, les vertus vivantes. C'est Kriçna, l'incarnation de Viçnu; c'est Çakya Mouni, l'essénien de l'Inde, qui vit au désert et nivelle les castes; c'est Jésus de Nazareth, le Bouddha juif, qui annonce la vie éternelle au seul peuple matérialiste de l'antiquité. Voilà vraiment des dieux humains, puisqu'ils souffrent et meurent. Dans la Palestine ou dans la haute Asie, ils sont nés de vierges immaculées, car c'est la pureté de l'âme qui engendre l'idée divine.

Les mages invoquaient Mithras, le médiateur entre Ormuzd et Ahriman, celui qui doit concilier le dualisme éternel; et, guidés par une de ces étoiles mystérieuses qu'adoraient leurs pères, ils arrivent devant une crèche, et présentent l'or, l'encens et la myrrhe au Dieu nouveau-né. Puis sa mère le conduit en Égypte. Le reconnaissez-vous? dit-elle aux prêtres. Depuis longtemps vous l'avez vu entre mes bras dans vos temples; c'est de lui que je disais : Le fruit que je porte est le soleil. — Nous le reconnaissons aussi, disent les sages de la Grèce, c'est le Verbe de la Sagesse incréée, cette lumière qui illumine tout homme venant en ce monde, et qui était apparue sous la forme d'une vierge armée, sortie du front de Zeus, avant de s'incarner dans le sein d'une vierge juive. C'est bien lui qu'annonçait la prophétie de Virgile, écho des anciens oracles : nous reconnaissons la Vierge, et le nouveau-né qui descend des hauteurs du ciel pour ramener l'âge d'or. Voici le renouvellement du monde,

Magnus ab integro sæclorum nascitur ordo.

Le serpent va mourir; partout se montre l'agneau revêtu de la pourpre, partout germe l'amomum d'Assyrie, le pain céleste, Hom, le dieu de l'antique Ariane, qui nourrissait tous les êtres aux agapes de la communion primitive.

Et le Dieu nouveau prend possession des temples : son royaume n'est pas de ce monde, il est roi du monde intérieur, et il révèle les mystères de l'âme, l'Éden de l'enfance, le serpent des passions humaines, et la rédemption sur le calvaire de la vie, et l'ascension dans le ciel mystique de la conscience,

La blanche ascension des sereines vertus.

Mais la loi nouvelle est sévère : loi de devoir, de renoncement et de sacrifice. Le faible s'y soumet et souffre, le fort la brave et opprime. La vie est condamnée, les saints vont s'enterrer aux solitudes; et les dieux heureux, les dieux de la jeunesse et de l'amour, se changent en démons tentateurs. Nous demandions un dieu humain, et déjà le médiateur est trop haut pour nos humbles prières; qui les portera jusqu'à lui? Ce sera sa Mère, l'idéal féminin des races chevaleresques du moyen âge, la divinité propice et lumineuse que nul n'invoque en vain. Qu'elle règne dans le ciel de son fils, couronnée de rayons et d'étoiles, les pieds sur le croissant de la lune, écrasant le front humilié du serpent.

Cependant le Dieu ennemi des prêtres et crucifié par eux courbe l'Occident sous le joug de la théocratie. Il prêche la douceur et le pardon, et la terre, sous son règne, se couvre de cachots, de gibets et de bûchers. Il annonce la délivrance, et l'esclavage envahit le nouveau monde avec sa doctrine. Il ordonne l'humilité et le renoncement aux biens du monde, et les richesses de son Église, la vente publique des grâces célestes, sont le signal de la révolte. Ainsi l'éternel dualisme de l'Arie se reproduit dans les étranges contradictions de l'histoire comme dans les luttes intérieures de l'Église. Le culte reproché aux Manichéens, aux Albigeois, aux Hussites, serait-il le dernier terme du triomphe de l'hérésie? Quand nos défaillances appellent une révélation nouvelle, ce Paraclet promis à l'avenir, cet esprit de vérité et d'intelligence qui doit dévoiler les derniers mystères, serait-il donc l'archange révolté, le Titan cloué au Caucase, le serpent condamné dans l'Éden, qui fit cueillir à Ève le fruit de la Science et enseigna les arts et l'industrie à la race maudite de Caïn?

Quelque nom qu'on lui donne, la science s'affirme aujourd'hui reine du monde. Elle abolit l'esclavage, ce que le christianisme n'avait pas fait. Elle fait du droit, base de la morale antique, le complément nécessaire du devoir, principe de la morale chrétienne. Elle promet d'affranchir l'esprit et de soumettre la nature, de nous ramener à l'intuition par le chemin de l'expérience, et de donner à la vérité conscience d'elle-même. Puisse-t-elle accomplir ses promesses! l'avenir lui appartient. Mais n'escaladons pas le ciel dans nos espérances. Il est difficile de caractériser d'avance cette ère nouvelle qui sera l'âge viril de l'humanité, mais la foi dans l'avenir n'autorise pas à blasphémer le passé. La vieillesse et l'âge mûr sont-ils un progrès sur l'enfance et la jeunesse? Chacun répondra selon son tempérament, et, si les philosophes comprennent mieux la vérité sous une forme algébrique, les artistes aimeront mieux la recevoir sous l'enveloppe palpable du symbole.

La science moderne, qui admet des molécules indivisibles mais étendues, qui croit aux deux fluides électriques, qui personnifie le calorique, qui explique la vie minérale par l'affinité, comme si un mot expliquait un fait, sourit dédaigneusement des Grecs, qui rêvaient une Dryade dans chacun des chênes de Dodone, et une Océanide dans chaque flot de la mer; pourtant les conceptions antiques renferment une notion plus juste de la vie universelle que toutes nos abstractions mortes, et ont de plus l'avantage de fournir des types à la peinture et à la statuaire. Là où nous voyons des forces et des principes, les anciens voyaient des dieux; nous appelons l'attraction ce qu'ils appelaient Vénus; c'est une question de mots, et l'un n'est pas plus clair que l'autre. Selon la différence des formes données aux mêmes idées, on formule des lois physiques ou on crée des œuvres d'art. Il est permis, je pense, d'être à la fois de l'avis de Newton et de l'avis de Phidias.

La vérité est aussi nécessaire à la vie de l'esprit que la lumière à la vie des êtres organisés; cessons donc de croire qu'elle date d'hier, et de proscrire les formes que le passé lui a données. En métaphysique surtout, la proscription est un signe de faiblesse. C'est la myopie de notre esprit qui nous enchaîne à des formes exclusives et à des hiérarchies artificielles. Pendant deux mille ans, l'homme a condamné la matière et immolé l'art et la beauté sur les autels de la morale. Mais la beauté est aussi divine que la vertu, et à ceux qui trouvent mauvais que Vénus soit moins chaste que la vierge Marie, on pourrait objecter que le Christ est moins beau qu'Apollon et Bacchus; autant vaudrait se plaindre que la gravitation ne soit pas assez morale. Aujourd'hui que le règne du Saint-Esprit commence, c'est la science qui veut astreindre l'art et la morale à ses lois, comme si ce n'étaient pas là trois mondes distincts. Moraliser la beauté ou la vérité, soumettre l'art ou la morale au raisonnement et juger un théorème par le sentiment esthétique ou par la conscience, ce sont trois tentatives de la même force, et qui rappellent la condamnation de Galilée.

Nous avons passé au creuset toutes les fleurs du voile d'Isis, nous avons voulu épeler les oracles obscurs de ses sphinx, mais nous ne pouvons définir ni la matière, ni l'esprit, ni la substance, ni la cause, ni le temps, ni l'espace. La science, comme la foi, élabore des conceptions subjectives, sans jamais pénétrer l'essence des choses. Sa sphère est le présent; elle se tait sur les origines des mondes, de la vie organisée, de l'homme et des langues humaines. Si les mythes des races divines et des amours des anges sont d'obscurs hiéroglyphes, la génération spontanée et la transmutation des espèces sont de vagues hypothèses, et, mystères pour mystères, les grandes traditions de l'humanité valent bien les opinions écloses dans tel ou tel cerveau individuel. D'ailleurs les théories scientifiques sont encore plus mobiles que les dogmes religieux : les lois de la chimie varient tous les dix ans, comme les classifications de l'histoire naturelle. La Nature anarchique et multiforme se rit de nos systèmes, lits de Procuste de la vérité. En elle le centre est partout, et tout s'enchaine sans hiérarchie.

La science débute par un acte de foi, puisqu'elle accepte les axiomes de la raison, comme la morale accepte les lois innées de la conscience, comme l'art accepte ces notions primitives de beauté qui n'ont jamais été définies par une langue humaine. Ces conceptions originelles, ces idées que chacun comprend et que nul n'explique, ces mots écrits en lumière dans le sanctuaire intérieur et que nul ne peut lire, ne sont-ils pas vos noms, ô Élohim? Comme les faces d'un prisme, comme les rayons de la lumière blanche, la force, la loi et l'amour, confondus seulement dans l'unité abstraite du panthéisme primordial, se révèlent dans la science, dans l'art et dans la morale par le vrai, par le juste et par le beau, et ces révélations sont multiples comme la nature et comme l'esprit humain. L'idéal divin apparaît sous des formes appropriées au génie des peuples chez qui et par qui il se révèle.

Ainsi le principe féminin, la mère féconde et bienfaisante, s'appelle Rhéa, en Phrygie; Héra, à Argos; Demeter, à Éleusis; Persephoné, en Sicile; Artémis, à Éphèse; Aphrodité, à Cypre; Astarté, en Syrie; Mylitta, en Chaldée. C'est toujours la mobile Màyâ, l'illusion divine, ou la grande Isis, qui écrivait au seuil de son temple : Je suis tout ce qui est, tout ce qui a été, tout ce qui sera.

L'étude consciencieuse du passé, qui est le meilleur côté de notre époque, la conduira, je l'espère, non pas à un éclectisme acceptant ceci et rejetant cela, mais à la synthèse générale des dogmes et à la conciliation des contradictoires. Les races européennes en sont à leur période alexandrine. L'Orient ouvre de nouveau ses écluses. Le zend et le sanscrit évoquent devant nous de grandes civilisations éteintes comme les débris fossiles nous aident à reconstituer des périodes géologiques. La part du passé est assez belle pour qu'il n'ait pas à envier à l'avenir cette compensation suprême d'amener sur la terre la réconciliation des races ennemies, et dans le monde idéal la grande paix des dieux. La science admet plusieurs infinis, l'art reconnait les caractères de la beauté dans Homère et dans Shakspeare, dans Rembrandt et dans Phidias; pourquoi la foi n'aurait-elle pas plusieurs types divins, régnant sans ombrage dans des cieux différents?

Les idées pures, ces types qui vivent indistincts, latents, virtuels au sein de la Nuit primitive, mère des dieux, ne peuvent se révéler qu'à la condition de s'incarner dans une forme qui les détermine, qui les limite. La forme unit la matière et l'esprit, elle est la parole qui donne un corps à la pensée, le médiateur entre le fini et l'infini. Aux époques mystérieuses de ces révélations premières, l'union est intime et complète; les idées se présentent sous les expressions qui peuvent le mieux les rendre, les opérations de l'esprit se traduisent par des images palpables, les dogmes s'énoncent en symboles, les dieux ont un corps. L'éloignement de notre époque pour tout ce qui ressemble à de la poésie nous empêche de chercher l'origine et le sens de certaines métaphores: pourquoi tous les peuples et tous les âges ont-ils représenté les dieux sous formes d'essences lumineuses, pourquoi dans toutes les langues les mots d'esprit et d'âme sont-ils étymologiquement synonymes de souffle et de vapeur? Avons-nous une définition assez nette de la matière et de l'esprit pour nier avec dédain l'analogie que semble indiquer un instinct aussi universel?

Tant que les dogmes vivent dans la croyance des peuples, les dieux ont une vie propre, et en quelque sorte aussi personnelle que celle de l'homme, qui les conçoit à son image parce qu'il est fait à la leur :

Finxit in effigiem moderantum cuncta deorum.

Leurs attributs sont multiples comme nos facultés. Ainsi nous disions plus haut qu'Aphrodité est l'attraction, mais elle est aussi la fécondité, elle est aussi la beauté, etc. Zeus n'est pas seulement l'air vital qui nourrit tous les êtres, *ether sidera pascit,* le dieu dont les mille hymens se retrouvent dans les innombrables combinaisons de l'oxygène, le roi de la foudre, qui descend en rosée bienfaisante dans le sein de la terre féconde, *conjugis in gremium lætæ descendit*, il est aussi le principe de la vie comme l'indique son nom (Ζευς, ζαω), le vainqueur des Titans, c'est-à-dire le modérateur des forces premières, et, dans un sens plus exclusivement humain, il est le principe de la justice, base de toutes les sociétés, source de toutes les vertus morales.

Les mythes sont vrais dans quelque sens qu'on le prenne; comme les éléments chimiques subsistent, quoique latents et voilés, dans leurs combinaisons innombrables, ainsi les types vivent inaltérables dans chacune de leurs manifestations. C'est ainsi que, d'après le dogme catholique, Jésus-Christ est présent à la fois dans chaque hostie. Mais, selon le caractère des peuples, des époques, des individus, tel aspect des types divins prend plus de relief que tel autre. Le sens des mythes paraît tantôt plus matériel, tantôt plus moral, car l'idéal ne varie pas seulement d'une race à l'autre, il se transforme selon la nature des intelligences individuelles. La foi naïve et spontanée des masses se contente du côté palpable et poétique des symboles. Pour les esprits plus réfléchis, il faut une doctrine plus métaphysique; qu'ils prouvent leur force et leur courage en traversant les épreuves imposées aux initiés, et ils pénétreront les mystères.

Aux fêtes d'Apis, le peuple adorait le symbole vivant du travail, l'animal bienfaisant et fort qui l'aide à féconder la terre. Pour les prêtres et les sages, Apis était le Nil, le soleil, le taureau équinoxial, et pour les initiés, dans le sanctuaire du Sérapéon, c'était le principe créateur. Quand le peuple d'Athènes allait en pèlerinage au temple des deux grandes déesses d'Éleusis, les poëtes lui racontaient l'enlèvement de Persephoné par Hadès, la douleur de sa mère et le retour de Persephoné à la lumière céleste. Cette légende suffisait au peuple, qui se retirait en remerciant la mère bienfaisante à laquelle il devait le blé nourricier de l'homme. Elle suffisait aussi à Praxitèle, qui, au lieu d'aller jusqu'au temple où se dévoilaient les mystères sacrés, s'arrêtait en route pour regarder Phryné se baignant dans la mer, et revenait sculpter une Aphrodité anadyomène. Mais il y avait alors comme aujourd'hui des esprits plus curieux de science que d'art. L'hiérophante leur expliquait que Persephatta, fille de Zeus et de Demeter, était la végétation, fille de la terre et de l'air, enfermée pendant l'hiver dans les royaumes souterrains d'Hadès, et renaissant au printemps pour charmer le ciel et consoler la terre.

Il y avait aussi des esprits inquiets de la destinée de l'homme. Persephoné leur apparaissait comme la nocturne Hécaté, reine des ombres, et leur révélait les mystères de la vie et de la mort, la transmigration et l'épuration successive des âmes. C'était la grande initiation : on s'y préparait par une vie pure, par la continence et par le jeûne. Aux jours de leur toute-puissance, les Césars romains n'osaient braver ni les lois austères de Lycurgue, ni les anathèmes des prêtres d'Éleusis contre les profanes. Ce souvenir aurait dû suffire pour réfuter tant de sottes calomnies débitées depuis sur l'immoralité du paganisme.

Mais les initiés doivent se garder de révéler les mystères : les artistes ne reconnaîtraient plus leurs types rêvés, dans les abstractions de l'ontologie ; le peuple perdrait sa foi sans trouver dans la métaphysique une compensation aux croyances poétiques qu'il aurait perdues. Nul ne peut me voir face à face sans mourir, dit le Dieu de Moïse. Sémélé fut foudroyée pour avoir voulu voir Zeus dans sa gloire. Malheur à ceux qui présument trop de leurs forces ! Parmi les initiés qui sortaient de l'antre d'Hermès Trophonios, il y en eut qu'on ne vit plus jamais rire.

Cependant les races vieillissent ; alors l'esprit se sépare du corps, les mots se dédoublent, l'idée, pour se dégager, rejette l'image, la science brise l'urne du symbole où s'abreuvaient les peuples jeunes et forts. En quittant leur enveloppe, les vérités d'intuition arrivent à la conscience d'elles-mêmes. Est-ce une mort, est-ce une résurrection ? Il n'est pas un bien au monde qui ne se mesure par un regret ; mais pouvons-nous pleurer la mort de nos dieux et affirmer notre existence, nous, formes fugitives, incarnations passagères de leur éternelle pensée ?

Οἵη περ φύλλων γενεή, τοιήδε καὶ ἀνδρῶν.

Où étions-nous hier, où serons-nous demain ? Mais les forces divines qui vivaient avant nous renaîtront après nous dans d'autres organes ; les idées qui se révèlent aujourd'hui en nous écloront demain dans d'autres intelligences, comme ce flambeau qu'on se passait de main en main dans les mystères.

Ainsi chaque hiver la terre prend le deuil du soleil ; mais, tant que les sphères amoureuses poursuivront dans l'éther leurs ellipses divines, tant que la terre épanouira ses feuilles et ses fleurs aux baisers du printemps, tous les êtres chanteront en chœur la résurrection d'Adonis et le retour de l'agneau équinoxial. Si l'art doit disparaître du monde, comme au temps où les dieux de la Grèce furent chassés de leurs temples, ils vivront cependant d'une éternelle jeunesse tant que la beauté sera désirable, et qu'on n'aura pas arraché l'amour du cœur de l'homme. Et le Dieu crucifié du moyen âge, fût-il calomnié par les docteurs et les prêtres, baloué par le peuple, abandonné par ses amis et renié par son apôtre, aura toujours un autel dans les âmes épurées par la douleur et sanctifiées par le sacrifice. Car les dieux ne peuvent mourir, et, quand on croit avoir scellé la pierre de leur sépulcre, ils ressuscitent dans leur gloire, et l'humanité se prosterne et adore, comme aux jours où, devant cette éblouissante lumière du seizième siècle, elle a salué la renaissance des anciens dieux.

Comme le réel est le miroir de l'idéal, les formes politiques répondent aux idées religieuses. Les hiérarchies célestes se traduisent par les castes, le monothéisme par la monarchie, le polythéisme par la république. Si, au lieu de s'arrêter aux mots, on pénètre dans l'essence des choses, on suivra ces analogies sous l'infinie variété de leurs manifestations. Ainsi la république Juive devient monarchie en même temps que Jéhovah se dégage du milieu des Élohim. L'Olympe anarchique de la Grèce et de Rome se range sous la suprématie de Zeus à mesure que les républiques se perdent dans l'unité de l'empire. La religion populaire du moyen âge, avec ses légions de saints et d'anges, est un paganisme féodal réglementé, non sans résistance, par la théocratie unitaire des grands papes. Les peuples musulmans, dont le monothéisme est seul radical et absolu, n'ont jamais eu d'autre gouvernement que la monarchie.

Les religions peuvent prendre des formes philosophiques sans que ces rapports disparaissent. La république des États-Unis ne saurait compter le nombre de ses communions religieuses : c'est un polythéisme saupoudré d'unité, sans légendes ni symboles, aussi abstrait que le déisme de Rousseau, personnifié dans la dictature de Robespierre. Quant aux républiques espagnoles, elles sont catholiques, et partant dictatoriales. La France, catholique d'habitude et révolutionnaire par saccades, n'a pu s'accoutumer au régime parlementaire des peuples protestants, dont le dieu constitutionnel règne au moyen d'une charte octroyée.

Qu'on suive les transformations des dogmes à travers le temps, on les verra coïncider avec les révolutions dans la vie des peuples. Puis le passé rebondit, le présent se recueille, l'avenir s'élabore : alternatives d'énergie et d'affaissement, pulsations inégales du sang dans le cœur des races malades ; c'est le temps des compromis et des trêves, la pros tration après les crises : périodes fiévreuses et malsaines. Il est vrai que ceux pour qui la vie réelle est mauvaise peuvent se retirer au désert, et, dans leur solitude intérieure, conserver un autel à leur culte proscrit.

Si de cette solitude j'élève aujourd'hui la voix, ce n'est pas qu'il me reste quelque illusion sur la valeur de mes essais. Les vers que j'ai réunis dans ce volume ont été composés à des époques assez anciennes pour que j'en voie les imperfections comme s'il s'agissait d'une œuvre étrangère; mais, soit indifférence, soit lassitude, je ne les ai corrigés qu'en partie.

Prométhée délivré est une œuvre de jeunesse, on le verra sans peine. Je le reproduis, sauf quelques modifications dans la forme, tel qu'il a été écrit il y a dix ou douze ans. Je croirais faire injure aux lecteurs d'Eschyle en leur expliquant le sens du mythe contenu dans son Prométhée enchaîné. Tout le monde sait qu'Eschyle essayait de relever le culte pélasgique des Titans, qui n'avait jamais été complètement abandonné chez les autochtones de l'Attique. Son Prométhée symbolise le génie humain en lutte contre le principe d'autorité, comme on dirait aujourd'hui. Dans la partie perdue de cette trilogie, le Titan était délivré par Héraclès, le travail civilisateur, le Melkarth des peuples industrieux et navigateurs de la Phénicie. En plaçant le dénoûment de mon poëme au delà du monde grec, et même en dehors de toute espèce de temps, j'ai dû suivre les transformations naturelles des types. Ainsi Io, la vache Isis, l'amante féconde du Dieu créateur, revêt un caractère plus exclusivement moral, et devient le type épuré de l'amour divin. Quant à la conclusion, elle était contenue logiquement dans la donnée du mythe. Il ne m'appartient ni de l'accepter ni de la récuser, comme s'il s'agissait d'une solution définitive et d'une opinion personnelle, puisque je l'ai présentée d'une manière tout objective, et comme une des phases historiques de l'évolution religieuse.

Si le petit conte de *Blanche* paraît se développer dans des conditions trop exceptionnelles, on me pardonnera peut-être d'avoir pensé que la lutte morale de l'âme contre le monde extérieur et contre elle-même, quel qu'en soit le théâtre, mérite d'être racontée.

Euphorion est un panorama de quelques époques passées, une suite de tableaux et d'impressions de voyage à travers le temps. La légende qui m'a servi de cadre est empruntée à Ptolémée Hephestion. Si les dieux ou, pour parler la langue moderne, si les circonstances et la force des choses me l'eussent permis, j'aurais voulu, sur ce canevas ou sur tout autre, tracer le plan d'une sorte d'épopée humaine, et dans ce pèlerinage à la recherche de l'idéal, tempérer à chaque halte une espérance par un regret. On trouvera dans *Euphorion* des essais de rhythmes nouveaux. Une partie de l'épilogue a été publiée il y a quelques années, mais j'ai dû, dans cette édition, en retirer plusieurs vers, par le même motif qui m'empêche de reproduire des pièces relatives à des événements contemporains.

Ce recueil est complété par quelques pièces détachées, les unes d'un goût allemand ou scandinave, les autres tirées de légendes grecques. Ces petites pièces sont aussi des études de rhythmes.

Je publie ce volume de vers qui ne sera suivi d'aucun autre, comme on élèverait un cénotaphe à sa jeunesse. Qu'il éveille l'attention ou qu'il passe inaperçu, au fond de ma retraite je ne le saurai pas. Engagé dans les voies de la science, je quitte la poésie pour n'y jamais revenir, et si, contre mon attente, la critique jette les yeux sur mon livre, elle peut à bon droit le considérer comme une œuvre posthume.

PROMÉTHÉE DÉLIVRÉ

PERSONNAGES

Prométhée.
Harmonia.
Io.
Héraclès.
Manou.
Zoroastre.
Homère.
Jésus-Christ.
Chœur de mortels.
Esprits de la nature.
Anges.

PROMÉTHÉE DÉLIVRÉ

PROMÉTHÉE.

Les astres d'or, roulant aux éternelles sphères,
Achèvent lentement leur cours silencieux ;
L'encens et la rumeur des plaintives prières
Ont cessé de monter vers le tyran des cieux.

Je veille seul : il n'est pour moi ni nuit ni rêve,
Et l'immortel vautour ne laisse pas de trêve
A mes flancs déchirés que nourrit la douleur;
Depuis quatre mille ans sa rage me dévore,
Mais les temps vont enfin s'accomplir, et l'aurore
Doit éclairer les pas de mon libérateur.

Jadis, quand Zeus punit en moi le divin crime
Du feu sacré porté chez les êtres d'un jour,
Vaincu, je lui prédis qu'au fond du noir abîme
Les dieux, chassés du ciel, tomberaient à leur tour.
Cependant, enivrés de l'encens de la terre,
Ils s'endorment au fond de leur ciel solitaire;
Mais le matin verra mon oracle accompli :
Sous le bras d'Héraclès quand tomberont mes chaînes,
Déshérités enfin des prières humaines,
Les cultes oppresseurs périront par l'oubli.

LE CHŒUR.

O seul ami de l'homme! ô toi qui sur la terre
Descendis autrefois le feu sacré des cieux!

Toi qui, pour protéger notre vie éphémère,
Osas seul affronter la colère des dieux!

Pardonne si toujours à ta longue souffrance
L'homme ingrat et timide a refusé ses pleurs.
Il eût sur lui du ciel attiré la vengeance
Sans pouvoir par sa mort soulager tes douleurs.

Toi qui souffres pour lui, pardonne à sa faiblesse;
Repoussé par les dieux, j'implore ton secours;
L'inflexible destin se rit de ma détresse,
Et pour les suppliants, hélas! les dieux sont sourds.

PROMÉTHÉE.

J'ai compté des soleils le retour monotone,
J'ai vu passer les ans, les siècles, et toujours
Je t'attendis en vain pour charmer mes longs jours;
Oui, tu m'as oublié longtemps, mais je pardonne

Aux enfants du néant, dont mon doigt créateur
D'un limon trop fragile avait formé le cœur.

De la terre et de toi viens me parler sans crainte.
Comme un soupir lointain, sur mon sommet glacé,
Le vent de tes douleurs quelquefois a passé;
Et moi, je supportais mes tortures sans plainte,
Craignant pour mon orgueil des échos indiscrets,
Mais sur tes maux, mortel, bien souvent je pleurais.

LE CHŒUR.

Que faire? A la douleur quand Zeus livra le monde
Pour le punir du don que tu nous avais fait,
Faible et tremblant devant son tonnerre qui gronde,
J'adorai : son orgueil ne fut pas satisfait.

Alors, dans tous les lieux j'élevais ses images,
J'éveillais en priant l'écho dormant des bois,
Et puis j'interrogeais mes prêtres et mes sages,
Pour savoir si le ciel écouterait ma voix.

Mais les rochers sacrés de Delphes, la divine,
Sur les ailes des vents m'ont renvoyé ces mots :
« O mortel ! que ton front se prosterne et s'incline ;
Nul n'est pur devant moi : supporte donc tes maux.

Peut-être qu'en offrant chaque jour des victimes,
Ma colère à la fin se laissera fléchir ;
Mais ne demande pas, mortel, quels sont tes crimes :
Ton crime fut de naître : il faut vivre et souffrir. »

Et mes sages m'ont dit : « Tes plaintes seraient vaines,
Tes maux n'ont dans les cieux ni juge ni témoin.
Marche, et porte le poids des misères humaines,
Notre voix est si faible, et le ciel est si loin ! »

Alors, des fleurs d'un jour je couronnai ma tête ;
Au milieu de l'orgie, en l'honneur des grands dieux,
Le sang de mes taureaux coula dans chaque fête,
Et, modérant ainsi leur fureur inquiète,
J'invitai les dieux même à partager mes jeux.

Mais, dans son vol muet, la morne destinée,
Changeait les vins sacrés en un amer poison ;
Jetant la coupe d'or de fleurs environnée,
Je foulai sous mes pas ma couronne fanée,
Et sondai du regard le quadruple horizon.

Les épaisses vapeurs du sang et de l'orgie
Voilaient comme un linceul le flambeau du soleil ;
Comme un champ desséché la terre était sans vie.
Et, sous le ciel d'airain, de l'aurore endormie
Les peuples haletants imploraient le réveil.

    Alors, sur un mont solitaire,
    Un astre éclatant se leva ;
    L'ombre s'évanouit : la terre,
    Dans un recueillement austère,
    Comme un dieu nouveau l'adora.

    Cloué sur une croix sanglante,
    Un homme apparut à mes yeux ;

Il parla : le monde en attente
Crut dans sa parole vivante ;
Sa voix était l'écho des cieux.

Sa mort était un sacrifice :
Du ciel suspendant les arrêts,
Il nous sauvait par son supplice,
Et de la divine injustice
Il subissait seul les décrets.

Il nous légua sa croix divine
Pour éclairer tout l'univers,
Comme au sommet de la colline
Un phare brillant illumine
Les horizons lointains des mers.

Et deux mille ans la terre entière
Suivit ce fanal radieux ;
Mais le symbole tutélaire

Dans le ciel, qu'à peine il éclaire,
Jette en mourant ses derniers feux.

PROMÉTHÉE.

Laisse fuir le passé : l'avenir se déroule ;
Grossi par chaque instant, le torrent des jours coule,
Charriant les dieux morts et les trônes détruits.
Les grands jours vont venir : l'éternité féconde
Va de ses flancs profonds laisser sortir un monde
A l'heure où de mes fers tomberont les débris.

Et toi, roi du passé, Tout-Puissant, Dieu suprême,
Sous mille noms divers restant toujours le même,
Qu'on t'appelle Brahma, Zeus, Jéhovah, Seigneur,
O pouvoir inconnu ! quelque nom que tu prennes,
Moi, brisé par ta foudre et meurtri par tes chaînes,
Moi, ton seul ennemi, je brave ta fureur.

Non, tu n'as pas vaincu, car j'ignore la crainte,
Et jamais de mon sein ne sortit une plainte.

Tu voulais me voir seul, inconsolé, maudit,
Et malgré tes vautours, et malgré ton tonnerre,
Ma triste solitude est peuplée, et la terre
Par mille chants d'amour toujours me répondit.

VOIX DANS L'AIR.

Que sur ta poitrine brûlante
Voltige une brise odorante,
Et que son aile frémissante
Caresse ton corps affaibli ;
Que le sommeil sur toi descende,
Sur tes yeux divins qu'il étende
Ses lacs transparents, et répande
Sa coupe d'or pleine d'oubli !

Brise, baigne en passant tes ailes
Au calice des fleurs nouvelles ;
Verse à ces neiges éternelles
Les parfums de leur sein vermeil ;

Pendant que la nuit de son voile
Déroule l'invisible toile,
Où chaque perle est une étoile,
Où chaque agrafe est un soleil.

PROMÉTHÉE.

Je reconnais ces voix : les Oréades blanches,
Les Nymphes, les Zéphyrs balancés sur les branches,
Souvent pleurent mes maux au fond des bois sacrés.
Je vous entends souvent, jeunes Océanides,
Gémir sur mes douleurs dans vos grottes humides
Où l'écume d'argent baigne vos pieds nacrés.

J'entends ainsi vibrer comme un lointain murmure
La voix des mille esprits qui peuplent la nature.
J'aime leurs doux accords à l'heure de minuit;
Mais j'aime plus encor leur science immortelle;
Car au livre divin c'est par eux que j'épèle
Les secrets que voilait l'impénétrable nuit.

Mais toi, leur reine, toi qui souvent me consoles,
Muse de l'harmonie aux magiques paroles,
Dors-tu sous les flots bleus ou sur l'herbe des bois?
Enchanteresse, ô toi dont la douce puissance
Dans les mains de Pandore enchaîna l'Espérance,
Viens avec ta musique, avec ta douce voix.

HARMONIA.

J'abandonne pour toi mon palais de rosée
  Où le miroir des mers
Reflète de mes fleurs la corolle irisée
  Et les calices verts,
Où les peuples légers de mes changeants royaumes,
Les songes transparents, aériens fantômes,
  Me forment une cour;
Où, répondant aux chants de la sphère infinie,
L'air sonore lui-même, impalpable harmonie,
  Me berce tout le jour.

Innombrables esprits des voûtes éthérées,
  Nymphes des mers, des bois,

Souffles des vents, échos des cavernes sacrées,
  Accourez à ma voix.
Par mon pouvoir magique, esprits, je vous l'ordonne,
Aux pieds de Prométhée apportez la couronne
  Et le sceptre enchanté.
Sur vous mon règne dure encor, le sien commence :
Esprits de la nature, à lui votre science,
  A moi votre beauté !

LES ASTRES.

Titan, lève les yeux vers la voûte profonde.
De soleil en soleil, d'un monde à l'autre monde,
Se croisent des appels sans fin ; le ciel s'inonde
De rayons et d'accords pendant l'éternité.
Toi qui conquis la flamme, assiste à ces mystères,
Titan ! nous t'apprendrons le langage des sphères,
Tu sauras mesurer leurs courbes solitaires
Et des champs bleus du ciel sonder l'immensité.

LES FORÊTS.

Titan, suis le dédale où s'égare la vie,
Chaîne aux mille anneaux d'or, trame immense et fleurie,
Fleuve aux courants sans nombre, incessante harmonie
Qui naît, qui meurt, qui monte et descend tour à tour.
Dans les bois plantureux où chaque herbe frissonne
Au chaud soleil d'été, dans le ciel qui rayonne,
Dans la mer aux flots noirs qui mugit et bouillonne,
En tous lieux vois régner l'universel amour.

LES MONTAGNES.

Par des siècles sans nombre éteinte et refroidie,
La terre, pour garder sa chaleur et sa vie,
Dans les déserts glacés de la voûte infinie,
D'un manteau de granit couvre ses larges flancs.
Mais sous les flots des mers, sous la plaine féconde,
La lave sourdement mugit, bouillonne et gronde
Pour sortir en volcan de sa prison profonde
Et s'ouvrir dans le roc des cratères brûlants.

LES NUAGES.

Les neiges des glaciers boivent la nue errante.
Tantôt, flambeau du pôle, en frange vacillante,
L'aurore boréale y va dresser sa tente;
Tantôt un reflet rouge en dore les contours,
L'éclair jaillit des flancs déchirés du nuage,
La trombe rompt sa chaîne : au choc de son passage
L'air ébranlé rugit; mais ne crains pas l'orage,
Tu peux dompter la foudre et diriger son cours.

PROMÉTHÉE.

Esprits divins, fécondez mon génie,
Et qu'à travers les cieux impénétrés
J'entende enfin la mystique harmonie
Des sphères d'or et des nombres sacrés.
Ce roc en vain sur sa cime glacée
M'enchaîne encor; je suis, malgré les dieux,
Libre déjà comme l'aigle des cieux,
Et sur le monde, au nom de ma pensée,

Captif, brisé par ces chaînes de fer,
Je puis régner, bravant Zeus, calme et fier.

Voici mon corps : qu'il l'écrase et l'enchaîne,
Je l'abandonne en proie à ses vautours ;
Il ne pourra me détruire, et ma haine
Jusqu'en son ciel le poursuivra toujours.
Toujours ! oh non ! son règne et mon supplice
Avant le jour vont à jamais finir.
Oui, ma science a lu dans l'avenir ;
Il faut qu'enfin l'oracle s'accomplisse :
Vous m'allez voir régner, divins esprits,
Sur l'univers que vous m'avez soumis.

Par ma parole, esprits, votre science,
Chez les mortels pénétrant chaque jour,
A d'Héraclès fécondé la puissance
Pour qu'il brisât mes chaînes à son tour.
Mortel, tes yeux verront avec l'aurore
Mes fers tomber sous les puissantes mains

Du rédempteur promis à mes destins.
Mortel, attends quelques heures encore,
Et de la terre et du ciel je suis roi :
Les dieux sont morts, car la foudre est à moi.

LE CHŒUR.

Pourriez-vous nous mentir, parfums, célestes brises,
    Vents des terres promises,
    Rayons avant-coureurs,
Mirages lumineux des aurores prochaines,
    Harpes éoliennes,
    Qui vibrez dans les cœurs !

Un espoir inconnu dans mon âme fermente,
    Ma force défaillante
    S'appuie à ta vertu.
Tu prédis le retour du soleil que j'implore,
    J'attends en paix l'aurore,
    Et le doute est vaincu.

Mais quelle ombre de loin se présente à ma vue?
Est-ce un mortel, un dieu qui porte ici ses pas?
Du Caucase il atteint déjà la cime nue,
Et, comme s'il suivait une route connue,
Dans la nuit sans étoile il ne s'égare pas.

C'est une jeune fille, et de son front pudique,
Ceint d'un chaste bandeau, sur ses pieds à longs plis
Tombe un voile de lin; sur sa noire tunique
Brille une croix : du Christ c'est l'épouse mystique
Qui vit dans les déserts de visions remplis.

PROMÉTHÉE.

O fille d'Inachos, vierge de Zeus chérie,
Est-ce toi?

10.

Nomme-moi Magdeleine ou Marie,
Car j'ai changé mon nom en épurant mon cœur,
Et c'est pour t'éclairer que je suis revenue.
Depuis le premier jour qui m'offrit à la vue,

Par son céleste amour Dieu paya ma douleur.
Tu me l'avais prédit : errante et vagabonde,
Je m'égarai longtemps sur les confins du monde ;
Un aiguillon fatal pressait partout mes pas ;
De fantômes sans nombre en tous lieux entourée,
Aux ronces du chemin meurtrie et déchirée,
Je me plaignais du Dieu qui ne se montrait pas.

Et, d'un fatal amour maudissant la naissance,
Loin du terme espéré, haletante, en démence,
Je m'assis, maudissant le destin et les dieux.
Alors, d'une clarté céleste illuminée,
Une croix m'apparut : tremblante et prosternée,
J'entendis retentir des mots mystérieux :

« Vous que l'amour divin embrase,
Jusqu'à l'hymen de Dieu vous pouvez parvenir,
Mais par la pureté sachez le conquérir ;
Que votre âme, abîmée en une sainte extase,
Jette aux douleurs d'un jour ce corps qui doit périr. »

A cet appel, pareils aux nuages sans nombre
Que l'aquilon ramasse aux quatre coins du ciel,
Des hommes s'élançaient du sein de la nuit sombre
Pour contempler l'éclat du symbole éternel.

Quels cantiques d'amour, quels hymnes d'espérance
Répondirent ensemble à cette voix de Dieu!
Les anges à genoux contemplaient en silence
Ces saints qui, fatigués de doute et de souffrance,
Disaient au monde impie un éternel adieu.

Et dans la solitude aride et désolée,
Recueillis, à l'abri des orages du cœur,
Ainsi qu'un lac limpide à l'onde inviolée,
Où le ciel réfléchit sa coupole étoilée,
Ils créaient dans leur âme un monde intérieur.

Moi, de ces pèlerins suivant la course errante,
J'allai seule, pieds nus, un bâton à la main;
Baisant d'un sang divin la trace encor récente,

Et pour guide suivant la croix étincelante
Qui, de la terre au ciel, me montrait le chemin

Comme autrefois Jésus sur les saintes collines
Vit deux fois sous sa croix son corps divin fléchir,
Que de fois je sentis au milieu des épines
  Mes genoux défaillir !

Que de fois, au milieu du désert, déchirée
Par les cailloux aigus qui naissaient sous mes pas,
Je cherchais un peu d'eau pour ma lèvre altérée
  Et ne la trouvais pas !

Et je disais : Seigneur, est-ce assez de souffrance ?
Les jours de ton amour ne vont-ils pas venir,
Ou bien faut-il ici, lasse de l'espérance,
  M'arrêter pour mourir ?

O palmiers du désert ! champs de la Thébaïde,
Qui répétiez alors le cri de mes douleurs,

Brûlant soleil d'Égypte, et toi, poussière aride
    Qu'arrosèrent mes pleurs !

Lorsque seule, à genoux, d'un cilice vêtue,
Je déchirais mon sein à des ongles de fer,
Lorsque le tentateur présentait à ma vue
    Les démons de l'enfer ;

Vous savez si jamais, du fond de ma misère,
J'ai dit à Dieu : L'amour que tu m'avais promis,
S'il faut pour l'acheter tant souffrir sur la terre,
    Est trop cher à ce prix.

PROMÉTHÉE.

Pendant que tes genoux s'usaient dans la prière,
Tu n'as pas vu les maux des enfants de la terre :
Le monde allait mourir pendant que tu priais.
Tu chantais ta douleur solitaire et bénie,

Mais de funèbres voix et des cris d'agonie
    Couvraient tes cantiques de paix.

Mortel, songe à ces jours maudits, où dans tes plaines
Partout mille tyrans rivaient les lourdes chaînes
Dont tes bras ont gardé le stygmate fatal ;
Au mal originel quand Dieu livrant la terre
Régnait seul dans son ciel, pâle et froid monastère,
    Donjon de ce Dieu féodal.

Pourtant, dans ces longs jours, tu priais en silence,
Dans les déserts du ciel reléguant l'espérance,
Et demandant à Dieu la force pour souffrir.
Lève-toi ! Tes droits sont sacrés : qui se résigne
A subir l'esclavage en silence en est digne.
    Brise tes fers : sois libre ou meurs !

Le serpent disait vrai : la science était bonne ;
Sa main va de vos fronts arracher la couronne,

Élohim, nous voici pareils à l'un de vous.
Vous vouliez, fils ingrats de la pensée humaine,
Proscrire votre mère, enchaîner votre reine ;
    Son sceptre se lève : à genoux !

Tous les dieux à leur tour ont eu dans leur église
La vérité suprême et la terre promise,
Gardant pour leur enfer ceux qui restaient dehors.
Le monde quelque temps écoute leur promesse,
Mais, les voyant mentir, il suit sa route, et laisse
    Les morts ensevelir leurs morts.

O Pensée ! ils paîront ta peine inexpiée ;
Sur ton calvaire aussi, sainte crucifiée,
Tu ressusciteras des morts après trois jours.
Les peuples prosternés chanteront ta victoire,
Tes disciples chéris te verront dans ta gloire,
    Ton règne durera toujours.

10.

O Christ! serait-il vrai? les débris de ton temple
Vont-ils donc s'écrouler sur tes derniers enfants?
Le prêtre agenouillé qui prie et te contemple
Va-t-il à tes autels refuser son encens?
Ton règne est-il fini? Les jours qui vont éclore
Verront-ils les rayons d'une nouvelle aurore
    Obscurcir ton soleil?
Nos yeux vont-ils s'ouvrir, et cette foi profonde,
Qui pendant deux mille ans enveloppa le monde,
    Était-ce un long sommeil?

Ta croix sainte, étendard des phalanges sacrées,
Arche mystérieuse entre le ciel et nous,
Sublime piédestal d'où les mains déchirées
S'étendaient autrefois sur le monde à genoux;
La verrons-nous quitter notre terre flétrie,
Comme un ange exilé qui revoit sa patrie
    Et vole radieux,

Comme l'âme d'un saint qui, du froid cimetière,
La nuit s'échappe en vague et tremblante lumière
    Pour remonter aux cieux?

Le pèlerin penché dont la course s'achève
N'aura-t-il plus d'espoir que dans ton lourd sommeil,
O gouffre du tombeau, nuit sans astre et sans rêve,
Grande nuit du néant qui n'as pas de réveil?
O Dieu des anciens jours! si ta foi de la terre
Doit s'effacer ainsi, sans combat, sans colère,
    Sous le vent de l'oubli;
Si le temps peut flétrir tout ce que l'homme adore,
Si l'éternel soleil peut se lever encore
    Sur ton culte aboli;

Laisse-moi cependant, ô Dieu de l'Espérance!
T'adorer la dernière au milieu des mortels;
Si quelque foi nouvelle en triomphe s'avance,
Permets-moi de pleurer au pied de tes autels.
J'irai mourir, ô Christ! sur ta montagne sainte;

J'exhalerai mes jours comme la flamme éteinte
   Des lampes du saint lieu;
Et, les regards tournés vers ta croix que j'adore,
En mourant j'entendrai ta voix redire encore :
   Pardonne-leur, mon Dieu !

CHŒUR D'ANGES ET DE VIERGES.

Les crimes des mortels ont fait pleurer les anges;
Ma sœur, dis à la terre un éternel adieu.
Viens, nous te recevrons dans nos saintes phalanges,
Viens, tes pieds glisseraient dans le sang de ton Dieu.

Suis-nous, avant de voir la terre anéantie,
Comme autrefois Sodome, au souffle du Seigneur.
  Retournons au ciel, la patrie,
  Car des mortels la race impie
Pour la seconde fois immole son Sauveur.

La foi, la charité, sont mortes sur la terre,
La croix voile aux regards son éclat immortel ;

Viens régner avec nous dans nos champs de lumière,
Viens écouter, ma sœur, la musique du ciel.

Anges, remplissez l'air du parfum de vos ailes,
Vierges, couronnez-la de lis et d'immortelles;
Longue nuit de l'exil, adieu : voici le jour.
Prenez vos harpes d'or, chantons sa délivrance;
Voyez, son doux regard que voilait la souffrance
      Rayonne d'espérance,
   D'espérance et d'amour.

HARMONIA.

Allez, beaux anges blancs, dans le pays du rêve;
   Déjà chaque étoile pâlit,
Et le flambeau d'Éos à l'horizon se lève ;
   Anges, fuyez avec la nuit.

Là-haut vous trouverez de sombres cathédrales,

Et les hymnes de l'orgue, et des saints sur les dalles,
Le front pâle et les yeux en pleurs.

O beaux enfants ailés! blonde mythologie,
Nous pleurerons souvent, le soir,
Vos mandolines d'or mêlant leur élégie
A la vapeur de l'encensoir.

Et si parfois, au vent d'hiver, l'airain sonore
Répand sa voix qui fait penser,
Le poëte à genoux croira vous voir encore,
Comme Job, sous ses yeux passer.

LE CHŒUR.

L'écho du ciel s'endort : leur aile diaphane,
Leur musique et leur chant,
Glissent sur les rayons des astres du couchant.

Partout l'ombre les suit ;
Hélas ! hélas ! partout le silence et la nuit.

PROMÉTHÉE.

Non, non, voici le jour ! O lumière sacrée !
Premier rayon jailli de la nue empourprée,
L'univers te salue, et la terre enivrée
    Chante un hymne d'amour.
Sous le manteau neigeux des monts que l'aube dore
Murmure des glaciers la profondeur sonore :
Tel, Memnon, palpitant aux baisers de l'Aurore,
    Saluait son retour.
Et, jetant sous ses pas sa pourpre triomphale,
L'aube écoute ces chants, douce plainte qu'exhale,
Comme un vivant soupir, la terre virginale
    Aux caresses du jour.

L'astre dans sa beauté s'avance, et chaque étoile

Les nocturnes terreurs passent dès qu'il a lui.
Héraclès, viens enfin, guidé par sa lumière,
O vainqueur des lions ! héros, dieu de la terre,
Comme lui bienfaisant, attendu comme lui.

HARMONIA.

Je vois à l'Occident une sombre rosée ;
Tournoyant dans l'espace, un immense vautour
Tombe : de son sang noir, sur la terre arrosée,
Naissent mille serpents à la clarté du jour.

LE CHŒUR.

Titan, voilà celui qu'attend ton espérance !
Déjà sa flèche d'or a percé dans les cieux
    D'une injuste vengeance
    Le ministre odieux.
  Gloire immortelle à celui qui s'avance
  Pour réparer l'injustice des dieux !

Héraclès, ton bras fort a parcouru la terre,
Laissant, pour protéger la sainte liberté,
  L'égide tutélaire
  De ton nom redouté.
 Brise ces fers, à sa splendeur première
Rends aujourd'hui le Titan indompté.

HÉRACLÈS.

 Me voici; les jours d'esclavage,
  Titan! vont à jamais finir.
Tombez, chaînes, restez sur ce rocher sauvage,
Monument éternel qui montre à l'avenir
  Ce que coûta, dans un autre âge,
  Le feu du ciel à conquérir.

PROMÉTHÉE.

Je suis libre! Salut, immortelle nature,
Azur foncé du ciel, champs de l'immensité!

Salut, terre, salut, jour de la liberté !
Soleil, vivant flambeau, sources à l'onde pure,
Prismes étincelants des monts cristallisés,
Où mire l'arc-en-ciel ses reflets irisés !
O mon libérateur, salut ! gloire éternelle
A ton bras tout-puissant invoqué tant de fois !
Partage, dès ce jour, ma puissance nouvelle ;
L'univers à jamais est soumis à mes lois.

HÉRACLÈS

Oui, c'est grâce à tes dons que j'ai conquis la terre.
En tous lieux ta science, invisible lumière,
M'a conduit au milieu de cent périls divers.
Par toi j'osai d'Hadès violer les ténèbres,
Et je tirai du sein des profondeurs funèbres
Les fantômes sans nom que cachaient les enfers.
L'Érèbe est sans terreur, et ta flamme sacrée
Éclaire, astre vivant, la terre délivrée
La science et la force ont conquis l'univers.

HARMONIA.

Symbole glorieux de la grandeur humaine,
De la raison proscrite et de la volonté,
Sur le monde, ô Titan! pendant l'éternité,
Tu régneras, auprès des débris de ta chaîne.
Mais, plus fort que ces dieux à jamais délaissés,
Tu régneras aussi sur les siècles passés.

O vous, révélateurs, flambeau de l'ancien monde,
Vous qui, de l'homme enfant guides mystérieux,
Pour assurer ses pas le suspendiez aux cieux,
Et qui dormez, depuis, dans cette nuit profonde
Où vous alliez chercher, tremblants et prosternés,
La manne qui nourrit les peuples nouveau-nés;

Levez-vous, paraissez! que mes accents magiques
S'élancent, reflétés aux grands échos du ciel,
Par delà les soleils et le vide éternel,
Vers le monde invisible où vos ombres antiques

Gardent pour l'avenir les secrets oubliés
Des symboles divins que vous nous révéliez.

O prêtres du passé! vos dieux vont disparaître :
Ils ne régneront plus sur l'encens des mortels;
Leurs idoles partout sur d'antiques autels
Tremblent aux vents d'hiver. Venez tous reconnaître
Le nouveau Dieu du monde, et remettre en ses mains
Le bâton de pasteur qui conduit les humains.

LES RÉVÉLATEURS.

Une voix jusqu'à nous a vibré : que veut-elle?
Quel pouvoir inconnu vers ces monts nous conduit?
Nous ne pouvons plus rien pour la race mortelle,
  Quelle voix nous appelle
  Du fond de notre nuit?

C'est ici la montagne où Dieu parle à la terre,
Le Mérou, le Bordji, l'Olympe, le Sinaï.

PROMÉTHÉE.

C'est ici le Caucase, où, bravant son tonnerre,
    J'insultai la colère
    Du dieu qui m'enchaîna.

LES RÉVÉLATEURS.

Un étrange blasphème a troublé nos prières;
Les échos l'ont porté jusqu'en notre séjour.

PROMÉTHÉE.

C'est ma voix, libre enfin, qui crie aux éphémères :
    Des grands dieux de vos pères
    Voici le dernier jour.

LES RÉVÉLATEURS.

Nous avons aperçu les mers asiatiques
Qui de cent peuples morts baignent les grands tombeaux;

Nous avons salué les royaumes antiques
  Où nos voix prophétiques
  Ne trouvent plus d'échos.

Pourquoi nous rappeler? Laissez en paix nos ombres;
Laissez-nous, ô mortels! loin du monde odieux,
Dans nos temples déserts, dans nos églises sombres,
  Errer sur les décombres
  Pour y pleurer nos dieux.

LE CHŒUR.

Je salue à genoux vos ombres vénérées,
  Sages des temps qui ne sont plus;
Laissez-moi retrouver dans vos voix inspirées
  L'écho lointain des jours perdus.

Prophètes qu'autrefois le pays de l'aurore
  Nourrit sous un ciel enchanté,

Est-ce de l'Orient qu'il faut attendre encore
    La lumière et la vérité?

Orient parfumé, tout peuplé de chimères,
    Ton soleil de pourpre est si doux,
Ton ciel si pur, que Dieu va se choisir des mères
    Parmi tes vierges à genoux.

Peut-être en ce moment quelque Christ qui s'ignore,
    Aux soupirs du ruisseau natal,
Repose en un lit d'ambre, attendant qu'on l'adore,
    Au fond d'un bosquet de santal.

Prophètes d'Orient, l'avez-vous vu sourire,
    Dans vos célestes visions?
Avez-vous vu porter l'or, l'encens et la myrrhe
    Au nouveau-né des nations?

Ou bien, si l'avenir ne doit plus rien attendre,
    Si Dieu donna tout au passé,

O prophètes! parlez, je veux encore entendre
    Les chants divins qui m'ont bercé.

MANOU.

L'éternel Brahm, serein dans sa grandeur suprême,
Impénétrable et seul, se contemple lui-même.
Il est tout, tout est lui, l'univers est son nom.
Comme un rêve divin, de sa vaste pensée,
La nature infinie un jour s'est élancée,
Harmonie aux cent voix, mobile et nuancée,
Reflet toujours changeant, vivante illusion.

Si Brahm n'incarnait pas ses paroles fécondes,
Tous les êtres sans nombre, et les dieux et les mondes
Rentreraient au néant; mais celui qui créa,
Pendant l'éternité conserve et renouvelle.
Et vous, sages élus, saints à qui se révèle
De ces divins secrets la lumière immortelle,
Cachez-les à jamais à l'impur paria.

PROMÉTHÉE.

Et qui donc t'a permis de séparer, ô sage!
Ceux que la raison sainte a toujours confondus?
Dans l'éternel banquet promis au nouvel âge,
Tous seront appelés, et tous seront élus.

MANOU.

Brahm les fit inégaux : qui l'oublie ou l'ignore,
Sous mille corps divers naît, meurt, et naît encore.
C'est par la vie, enfin, que tout crime est puni.
Mais le sage, qui vit et meurt dans la prière,
Immobile et les yeux fixés sur la lumière,
Oubliant et son âme et sa vie éphémère,
Se confond et s'abîme au sein de l'infini.

HÉRACLÈS.

Prêtre des anciens jours, tu t'es trompé : le sage
N'est pas cet inutile adorateur des dieux

Qui jamais de leur ciel ne détourna les yeux,
Et qui, sur cette mer sans astre et sans rivage,
Fatigué de ramer et de chercher un port,
Ainsi qu'en un tombeau dans l'infini s'endort.

La vertu, c'est la force; et le sage doit suivre
La route où marche aussi le troupeau des humains,
Mais pour guider leurs pas et frayer les chemins.
Notre vie est un jour; mais l'homme qui veut vivre
Saisit ce jour, foulé par deux éternités,
Pour en faire jaillir d'immortelles clartés.

La lutte le grandit, la vie est sa conquête :
Le repos, c'est la mort. Fût-il toujours vaincu,
Il est vivant du moins, car il a combattu.
Il délivre, il redresse, et jamais ne s'arrête,
Et ses pieds sur le sol n'osent se reposer
Tant qu'il y reste encore une chaîne à briser.

ZOROASTRE.

Qui parle de lutte et de guerre?
N'est-ce pas là ce qu'autrefois
Aux mortels enseignait ma voix?
Où sont les fils de la lumière?
Iran n'a-t-il plus ses grands rois?

Ahriman, le roi des ténèbres,
Couvre-t-il de voiles funèbres
La sainte terre des vivants?
Feu pur, feu sacré que j'adore,
Ton flambeau n'a-t-il pas encore
Purifié tous les Darvands?

Prions donc : à notre prière,
Ormuzd, le roi de la lumière,
Combattra pour nous, et la terre
Renaîtra comme au premier jour.

J'aperçois cette heure suprême :
Alors, ni sanglot ni blasphème,
Tout renaît, et le mal lui-même
Se fond dans l'éternel amour.

PROMÉTHÉE.

Fils de l'antique Arie, ô toi, le premier sage
   Qui prononça le grand mot de pardon,
   Honneur à toi ! l'homme bénit ton nom.
Mais, le temps est passé pour la prière, ô mage !
   L'homme a sondé les abîmes voilés
   Des cieux, jadis d'épouvante peuplés.

Dieux impuissants et sourds, celui qui vous implore
   Est-il plus grand que l'orgueil invaincu
   Qui cherche en soi sa force et sa vertu ?
Rentrez dans le chaos ! Du ciel muet encore
   Tous les échos bientôt répéteront
   Ma grande voix qui dit : Les dieux s'en vont !

LE CHŒUR.

Mais, dans la brise qui soupire,
Un murmure divin a paru s'envoler.
Réponds, vieillard aveugle, est-ce un chant de la lyre?
Non, c'est sa voix : silence! il va parler.

HOMÈRE.

Qui donc m'a fait d'Hadès quitter les rives sombres,
Où, depuis si longtemps, je reposais en paix,
Où, parmi les héros du royaume des ombres,
Comme autrefois, la lyre à la main, je chantais?

Pourquoi les immortels m'ont-ils donc fait renaître?
Vais-je errer sur la terre et mendier encor?
Mais, pour payer mon pain, l'homme aujourd'hui, peut-être,
Au lieu de chants divins, demandera de l'or.

Car tes jours sont finis, Hellas aux plaines blondes,
Où germaient autrefois des peuples de héros,
Et tu ne mires plus aux flots des mers profondes
Tes temples, tes cités et tes mille vaisseaux.

Et toi seule, pourtant, toi seule, ô ma patrie !
Adoras l'art sacré, la sainte poésie,
Et la beauté divine, enfant des immortels.
Les dieux et les héros qui naissaient sous ma lyre,
Tu les chantas toi-même, et, dans un saint délire,
En les voyant si beaux, leur dressas des autels.

O Zeus, fils de Kronos, assembleur de nuages,
Dont le sourcil froncé faisait trembler les cieux !
Héré, déesse auguste aux bras blancs, aux grands yeux ;
Athéné, Poseidon, destructeur des rivages,
Et toi, dieu protecteur de la sainte Ilion,
Dieu dont l'arc est d'argent, ô Sminthée-Apollon !

Arès au casque d'or, Aphrodité la blonde,
Dont l'artiste pieux adore la beauté,
Quand un marbre divin, par le temps respecté,
Te montre, humide encor des caresses de l'onde;
Thétis aux pieds d'argent, Artémis au carquois,
Grands dieux de mon Olympe, entendez-vous ma voix?

Ah! peut-être aujourd'hui, dans le fond du Tartare,
Près du Styx à l'eau noire, avec les Titans morts,
Vous subissez l'arrêt de nouveaux dieux plus forts,
Et, sous les neuf replis du fleuve à l'onde avare,
Vous qu'Hellas caressa de ses jaunes soleils,
Pleurez vos autels d'or et vos marbres vermeils.

Pourtant qu'aviez-vous fait, mes dieux et mes déesses?
Ce peuple d'hommes forts élevé par vos mains
N'a-t-il pas bien rempli l'attente des destins?
Comment aurait-il pu mentir à ses promesses?
Sous votre plus beau ciel vos soins l'avaient placé,
Et dans ses premiers jours mes chants l'avaient bercé.

O mes Olympiens! sur la rive inféconde
Où tous les dieux vieillis dorment d'un lourd repos,
En avez-vous trouvé de plus forts, de plus beaux?
La poésie est morte avec vous dans le monde;
Ses temples sont muets, son culte est déserté;
L'homme a brisé la lyre et proscrit la beauté.

HARMONIA.

Non, la beauté n'est pas proscrite sur la terre,
Aveugle demi-dieu, saint et sublime Homère!
Pour elle l'avenir a des temples encor.
Homère, sois son prêtre, et transmets d'âge en âge,
A ses adorateurs, l'immortel héritage
Du laurier toujours vert et de la lyre d'or.

LE CHŒUR.

Et toi, qui donc es-tu, grande et sainte figure
Qui marches le front triste et le regard baissé?

Quel est ton nom, image austère, la plus pure
Des ombres que nous rend l'immuable passé?

JÉSUS-CHRIST.

Je suis l'Agneau divin, fils de la Vierge mère,
Qu'adora deux mille ans l'univers à genoux;
Je suis le bon Pasteur, le Sauveur de la terre.
O vous pour qui mon sang coula sur le Calvaire,
  Me reconnaissez-vous?

Maintenant la science a brisé ma couronne,
Aux quatre vents du ciel mon nom est blasphémé;
Mes saints même ont douté, le monde m'abandonne;
Pour la seconde fois je meurs et le pardonne,
  Mon peuple bien-aimé.

Que t'avais-je donc fait? Sur cette froide terre,
En tous lieux du plus fort régnait la dure loi.
J'ai dit au faible : Heureux celui qui pleure! Espère,

Prie et souffre en silence, et là-haut de mon Père
  Le royaume est à toi.

L'homme voulait sonder la divine puissance.
Aux sages orgueilleux j'ai dit : Prosternez-vous;
Le doute est le seul fruit de l'arbre de science;
Pour arriver à Dieu, soyez comme l'enfance,
  Humbles, chastes et doux.

La superbe vertu des heureux de la terre
Voulait des flots de sang pour laver une erreur :
Du pécheur contristé j'ai béni la prière,
Et je n'ai demandé de la femme adultère
  Qu'une larme du cœur

Partout régnait l'orgueil, partout le vice immonde :
Les peuples s'endormaient dans leur iniquité.
J'ai fait briller ma croix dans cette nuit profonde,
J'ai lavé dans mon sang les souillures du monde,
  Et je l'ai racheté.

Et cependant, Seigneur, dans le fond du calice
Si ma lèvre a laissé quelques gouttes de fiel,
Si pour les racheter c'est trop peu d'un supplice,
Je puis encor, Seigneur, m'offrir en sacrifice
  Pour leur ouvrir ton ciel.

Mais non, tout est fini : l'âge nouveau commence.
Adieu, divine foi ! l'homme a fermé son cœur;
Il a sacrifié l'amour à la science.
Autrefois il croyait, et maintenant il pense :
  Le serpent est vainqueur.

Sagesse humaine, ô toi qu'à ma place je laisse !
Est-ce toi qui diras : Enfants, venez à moi?
Non, ton dieu, c'est l'orgueil : il proscrit la faiblesse.
Je rentre dans la nuit incréée, ô sagesse!
  Sans fléchir devant toi.

      5.

PROMÉTHÉE.

Et tu le peux, ô Christ! Dans son pèlerinage,
Emporté par le temps vers un nouveau rivage,
Le monde à tes genoux tombe avant de partir.
Bénis-le, Saint des saints, pour qu'il suive sa route.
Il est passé le temps du blasphème et du doute :
    Christ, bénis l'avenir!

Les dieux peuvent mourir, car les dieux sont d'argile;
Mais toi, tu n'étais pas de ce limon fragile
Dont le prêtre pétrit l'idole du saint lieu.
Les dieux veulent du sang : tu voulais des prières.
Tu nous aimas, Jésus, tu mourus pour tes frères,
    Tu n'étais pas un dieu.

PREMIER DEMI-CHŒUR.

Christ, vas-tu nous quitter? Christ, vois notre misère!

Qui nous consolera de l'exil de la terre,
>Si tu fermes ton ciel?

DEUXIÈME DEMI-CHŒUR.

Adieu, Christ! avec toi que le néant reprenne
Cet abîme où devait tomber la race humaine,
>Ton enfer éternel.

PREMIER DEMI-CHŒUR.

Élus du ciel, enfants, vierges immaculées,
Ne conduirez-vous plus, phalanges étoilées,
>Les chœurs du paradis?

DEUXIÈME DEMI-CHŒUR.

Les chants de tes élus, dont seul tu sais le nombre,
Suffiront-ils, ô Christ! pour étouffer dans l'ombre
>La plainte des maudits?

PREMIER DEMI-CHŒUR.

Seigneur, quand serons-nous réunis sous tes ailes?
Quand verrons-nous s'ouvrir les portes éternelles
   De la cité de Dieu?

DEUXIÈME DEMI-CHŒUR.

Trop de mères suivraient leurs enfants dans les flammes
De ton enfer, ô Christ! Tu sépares les âmes :
   Reprends ton ciel, adieu!

LE CHŒUR ENTIER.

Mais laissons aux vieux jours leur ombre et leur lumière
Marchons sans regarder ce qui reste en arrière;
   Car, dans chaque repli
De son manteau, le temps cache des dieux sans nombre.
Quel œil pourrait sonder ce que voile ton ombre,
   Panthéon de l'oubli?

Laissons dormir les morts. Lorsque le dieu s'envole,
Irons-nous dans la nuit déterrer son idole
      Pour fléchir les genoux?
A de plus jeunes dieux réservons nos prières,
Retirons-nous : l'autel qu'ont ébranlé nos pères
      S'écroulerait sur nous.

Mon espoir n'est pas là. C'est en vain que les sages
Des dieux de ma jeunesse évoquent les images :
      Je n'y puis revenir.
Titan, faut-il dresser l'autel d'un nouveau maître?
Mais qui vais-je adorer? Quand verrai-je paraître
      Le dieu de l'avenir?

PROMÉTHÉE.

O mortel! tu l'as dit, dans le corps de l'idole
L'âme du dieu n'est plus, l'oracle est sans parole.
Cherche la vérité, ne l'attends pas du ciel.
La sagesse n'est plus au fond du sanctuaire;

Ne va donc plus, courbant ton front dans la poussière,
Aux terreurs de tes nuits élever un autel.

Comme le voyageur qui voit dans un nuage
Briller sur certains monts sa gigantesque image,
Ainsi, voyant passer, dans le désert des cieux,
Aux clartés de la foudre, un grand fantôme sombre,
Timide et n'osant pas reconnaître ton ombre,
Tu te pris à trembler, et tu baissas les yeux.

Relève enfin la tête, et soudain en fumée
Sous ton souffle fuira la larve inanimée.
Les temps sont maintenant accomplis : Zeus est mort.
L'Idéal est en toi : voilà le dieu suprême;
Oui, le temple, le prêtre et le dieu, c'est toi-même.
Contemple ta grandeur : te voilà seul, mais fort.

De cet orgueil divin je t'ai donné l'exemple :
La science est le dieu dont mon âme est le temple.

Par delà l'horizon où s'arrêtent tes yeux,
Tu peux, sur les sentiers que fraya mon audace,
Dans un monde inconnu t'élancer sur ma trace,
Et rapporter, vainqueur, le feu sacré des cieux.

Ton âme, en traversant et l'espace et les âges,
Verra s'évanouir, comme de vains mirages,
Ces fantômes de dieux, sombres fils du chaos,
Reculés chaque jour aux confins du possible,
Dans un infini vide, obscur, inaccessible,
Empire sans soleil, sans vie et sans échos.

Sages des temps passés, votre tâche est remplie :
Vous avez déchiré, devant l'humanité,
Un pan du voile noir cachant la vérité.
Tous, vous avez versé la parole de vie
A l'homme, qui ne vit pas seulement de pain.
La manne des esprits naissait sous votre main.

Maintenant l'homme est fort : il s'élance et s'envole,
Porté par sa pensée, au jeune aigle pareil,

Il cherche la lumière et veut voir le soleil.
La science a brisé l'entrave du symbole,
Et l'homme, que vos mains guidèrent tour à tour,
Par vous peut aujourd'hui marcher seul au grand jour.

HÉRACLÈS.

Mortel, à l'œuvre donc ! ta route est grande et belle.
L'astre de la science éclairera tes pas.
Son feu vivifiant, qui déborde et ruisselle,
Va pénétrer ton être et diriger ton bras.

Rien ne peut t'asservir si tu restes toi-même.
La pensée est ton dieu, l'idéal est ta loi ;
La vertu n'est qu'un hymne et le crime un blasphème :
Tu portes ton enfer et ton ciel avec toi.

Dans une œuvre éternelle incarne ta pensée,
Imprime sur l'airain la trace de tes pas :
Tu te verras grandir, et ton âme, bercée
Par les chants de la mort, ne s'endormira pas.

HARMONIA.

Héraclès, c'est ainsi que tu domptas la terre;
    Celui qui te suivra
Trouvera, comme toi, la vie encor derrière
    Les flammes de l'Œta.
Car, si l'homme n'a pas adoré ce qui passe,
Du monde et du destin, du temps et de l'espace
    S'il a su s'affranchir,
Quand la mort le transforme, il trouve une patrie.
La lutte est éternelle et l'arène infinie.
Il a créé son être, il a conquis la vie :
    Il ne peut plus mourir.

Chante donc, ô mortel! de la nouvelle aurore
    L'éclat limpide et pur.
Vois, la terre sourit, et la brise sonore
    Caresse un ciel d'azur.
Un murmure a glissé dans l'air couleur de rose,

Tendre comme le chant d'une sirène éclose
>   Sur le flot de cristal.
Un nuage d'argent plane sur la vallée,
Et la terre, des pleurs de la nuit emperlée,
Réfléchit comme un lac l'image immaculée
>   Du soleil matinal.

LE CHŒUR.

Oui, je sens dans mon cœur reverdir l'espérance.
Sans haine et sans regret, je regarde en silence
Fuir mon rêve d'hier, par la nuit emporté.
Je sens, comme autrefois dans Hellas la divine,
>   Battre dans ma poitrine
Un cœur vivant et pur, au cri de liberté.

Oui, je suis jeune encor; du ciel et de la terre
Je veux lever le voile et sonder le mystère.
>   L'avenir étale à mes yeux
Le mobile trésor de ses mille conquêtes;

Car l'astre qui m'éclaire est l'astre des prophètes :
J'entrevois des secrets cachés sous d'autres cieux.

    Salut à l'aurore nouvelle!
Salut à ce grand jour qui ne doit pas finir !
      Soleil des temps qui vont venir,
      Ton flambeau divin nous révèle
Encore un mot du livre où chaque siècle épèle.
      Salut à l'aurore éternelle
      Qui conduit le jeune avenir !

CHANSONS ALLEMANDES

Petite Christel, dirent les colombes,
D'où vient ce matin le deuil où tu tombes,
Quand l'été sourit à la plaine en fleur?
— Oui, l'été sourit et les fleurs sont belles;
    Mais j'ai, tourterelles,
    L'hiver dans mon cœur.

Petite Christel, dirent ses amies,
Tes peines seraient bien vite endormies
Avec des chansons : pourquoi soupirer?
— Il me faut un cloître et de lourdes grilles.

    Chantez, jeunes filles,
      Moi je veux pleurer.

Petite Christel, tu sais que je t'aime,
Dit le jeune roi : prends mon diadème,
Sois ma reine, et plus de pleurs entre nous.
— Hélas ! dit Christel, dont le front se penche,

    Ma couronne blanche,
      Me la rendrez-vous?

II

Verte est la bruyère où Lise la belle
Regarde en souriant son bien-aimé près d'elle ;
Son petit enfant l'embrasse et la suit. —
Mais la terre est si froide à l'heure de minuit !

La mort pâle vient : Lise, blonde et rose,
Dans le cercueil étroit, les mains jointes, repose ;

Son époux en deuil pleure et la conduit. —
Mais la terre est si froide à l'heure de minuit!

Pâle, il la conduit au froid cimetière.
Là des prêtres en noir disent une prière,
  La terre la couvre; on s'en va sans bruit.
Mais la terre est si froide à l'heure de minuit!

Elle entend de loin son enfant qui pleure :
Elle demande à Dieu de lui prêter une heure
  Pour aller encor veiller près de lui.
Mais la terre est si froide à l'heure de minuit!

Elle pria tant, que la Vierge sainte
Alla porter à Dieu sa prière et sa plainte :
  Le Seigneur lui donne une heure de nuit.
Mais la terre est si froide à l'heure de minuit!

Lise du cercueil écarte une planche,
Et parmi les tombeaux se lève froide et blanche.
 La nuit est humide et la lune luit.
Mais la terre est si froide à l'heure de minuit!

Que veut cette femme? Elle ouvre la porte...
Mon Dieu, comme elle est pâle! on dirait une morte.
 Elle entre : le chien la lèche et la suit.
Mais la terre est si froide à l'heure de minuit!

Viens, mon bien-aimé, c'est moi qui t'appelle!
— Non, celle que je pleure, elle était rose et belle.
 — Oh! je n'ai qu'une heure, et le temps s'enfuit!
Mais la terre est si froide à l'heure de minuit!

Mon petit enfant, viens, voici ta mère.
— Non, ma mère était belle; elle dort sous la terre.

Et l'enfant tremblant la repousse et fuit.
Mais la terre est si froide à l'heure de minuit!

Triste, elle s'en va sans attendre l'heure ;
Elle ne revint plus visiter sa demeure.
Hélas! rien ne rend le bonheur détruit.
Mais la terre est si froide à l'heure de minuit!

III

Sous l'azur profond des nuits constellées,
En longs voiles blancs, couronnant nos fronts
Du nénufar d'or aux fleurs emperlées,
Parmi les joncs verts, au fond des vallées,
    Nous nous égarons.

Pour avoir passé jadis sur la terre
Sans vouloir ouvrir nos cœurs à l'amour,
Nous ne pouvons plus vivre à la lumière ;
Nos ailes fondraient en vapeur légère
     Aux rayons du jour.

Le jour, nous volons, troupe virginale,
Aux champs de la lune, éclatants de lis,
Où, semant leurs lits de nacre et d'opale,
Les ruisseaux d'argent teignent leur flot pâle
     Des reflets d'Iris.

Et puis, quand vient l'heure où le ciel se dore,
L'heure des baisers, sur un rayon blanc
Nous laissons glisser notre aile sonore,
Et nous nous baignons dans l'air tiède encore
     Sur le lac tremblant.

Nous chassons du lit des vierges candides
Les songes d'amour, enfants de minuit,

Qui font palpiter nos cœurs de sylphides,
Et nous remplissons de rêves limpides
    L'urne de la nuit.

L'alouette chante, et l'aurore efface
Les étoiles d'or sous son doigt vermeil;
La voix du matin comme elles nous chasse :
Ce soir, nous viendrons pour baiser la trace
    Des pas du soleil.

IV

Tous deux, à travers la forêt profonde,
Ils passaient, passaient; et la lune blonde
Baisait leurs fronts purs dans l'air argenté.
Lui disait tout bas : Oublions le monde !
A toi mon amour, à moi ta beauté.
Elle répondait : Pour l'éternité.

Sans désirs, pendant la nuit dangereuse,
Ils marchaient si seuls dans l'allée ombreuse,
Vierges, l'un de l'autre écoutant la voix,
Et puis regardant la lune onduleuse,
La lune onduleuse et les fleurs des bois.
Oh ! vivre un seul jour des jours d'autrefois !

Ils voguaient, voguaient sur les eaux discrètes
Qui germent au fond des grottes secrètes.
Elle dit, ouvrant ses lèvres de miel :
L'azur sous nos pieds, l'azur sur nos têtes,
La nuit recueillant l'hymne universel,
Et toi près de moi, n'est-ce pas le ciel ?

Magique parfum des fleurs éphémères,
Magnétique attrait des coupes amères,
Poison du désir, chants fascinateurs,
Quels baisers valaient ces baisers de frères,
Sur le ruisseau bleu, plein de bruits rêveurs,
Miroir diaphane où tombaient leurs pleurs ?

Tristes de bonheur, leurs âmes trop pleines
Aspiraient l'écho des lyres lointaines,
Et, l'un dans les bras de l'autre enlacés,
Ils laissaient couler les heures sereines. —
Quels rêves si doux ne sont effacés
Par le souvenir des amours passés?

V

J'ai cru qu'on m'enfermait au couvent : c'est un rêve !
Je suis morte, il est mort aussi : je bénis Dieu !
  Là-bas, sur la tombe une ombre se lève :
  Viens, mon bien-aimé, viens me dire adieu.

— J'ai cru qu'on m'enchaînait dans la tour, sur la pierre,
Seul, loin d'elle et du jour; mais non, ce cachot noir,

C'était mon tombeau dans le cimetière.
Que Dieu soit béni, je vais la revoir !

— C'est toi ! Je savais bien que tu m'aurais suivie,
Tu me l'avais promis. Cette félicité
   Qu'on nous refusait pendant notre vie,
   La mort nous la rend pour l'éternité.

— Je rêvais de prison, et toi de monastère :
Un baiser ! oublions et mon rêve et le tien.
   Dieu, qui sépara nos cœurs sur la terre,
   Les unit au ciel : je le savais bien !

— Écoute ! un son de cloche a retenti : c'est l'heure
Du dernier jugement pour tous les trépassés ;
   Faut-il nous quitter sitôt ? — Non, demeure :
   Qu'importe le ciel ? restons embrassés ! —

La cloche du matin sonne pour la prière ;
A travers les barreaux glisse un rayon du jour.
Tous deux à la fois ouvrent leur paupière,
Elle en sa cellule, et lui dans la tour.

CHANSON INDIENNE

L'AÇOKA

———

L'açoka grandit dans la forêt sombre.
Caressez l'açoka, fraîches brises du soir.
Les fleurs de l'açoka naîtront, quand sous son ombre
La vierge viendra rêver et s'asseoir.

Mais en vain la brise et le soleil rose
Voudraient sous leurs baisers les faire épanouir :
Si jamais nulle vierge, hélas ! ne s'y repose,
    L'açoka se penche et meurt sans fleurir.

La fleur des chansons germe dans mon âme,
Pour ouvrir son calice à la clarté du jour,
Il lui faut un rayon de votre ardente flamme,
    Vierges aux doux yeux, un regard d'amour !

Mais déjà s'enfuit la jeunesse blonde
Sans qu'un des jours passés mérite un souvenir.
L'amour n'est pas venu ; mon cœur, plante inféconde,
    Comme l'açoka mourra sans fleurir.

SONNET

A LECONTE DE LISLE

———

J'ai lu, je ne sais où, la légende amoureuse
De Raymond Lulle. On dit qu'un jour il rencontra
Une femme fort belle, et l'amour pénétra
Dans son cœur calme et vint troubler sa vie heureuse.

Il quitta, comme Faust, la route ténébreuse
De l'austère science, et son amour dura
Jusqu'au jour où l'objet qu'il aimait lui montra
Un sein que dévorait une lèpre hideuse.

Miroirs de volupté, beaux lacs aux flots d'azur,
Où se cache toujours quelque reptile impur,
Anges d'illusion, démons aux corps de femmes,

Sirènes et Circés, qu'il est triste le jour
Où, pour guérir nos cœurs des poisons de l'amour,
Vous nous montrez à nu la lèpre de vos âmes!

BLANCHE

BLANCHE

C'était un soir d'été : de grands nuages sombres
Couraient sous le ciel lourd ; pas un souffle dans l'air.
Les vieux arbres du cloître épaississaient leurs ombres ;
La monotone voix des vagues de la mer
Vers le ciel orageux s'exhalait par bouffées,
Comme un lugubre écho de plaintes étouffées.

La cloche du couvent venait de retentir;
Des cours et du jardin, comme des hirondelles
Qui regagnent le nid, commençaient à sortir
Les sœurs et les enfants qui grandissent près d'elles.
Mais Blanche et Madeleine, étouffant leurs sanglots,
Se tenaient par la main et regardaient les flots.

C'était un jour d'adieu pour elles : Madeleine
Partait le lendemain. Elle avait dix-huit ans,
Elle était au couvent depuis deux ans à peine;
Une intime et profonde amitié, dès ce temps,
L'avait unie à Blanche, et des heures passées
Toutes deux recueillaient les traces dispersées.

Blanche avait dix-sept ans. Les baisers maternels
Avaient été trop tôt ravis à son enfance;
Sous des enseignements graves et solennels
Son âme avait grandi dans l'ombre et le silence;
Sa beauté, sa pâleur, la faisaient ressembler
Aux anges des vitraux qu'elle aimait contempler.

L'extase avait marqué d'une céleste empreinte
Ses traits calmes et doux, son front pur et rêveur.
Ses sœurs, qui l'honoraient à l'égal d'une sainte,
Enviaient son austère et brûlante ferveur,
Et cette pureté qui met une auréole
Sur le front lumineux des vierges de Fiesole.

Mais son voluptueux sourire et ses grands yeux
Noirs, languissants, voilés, par un contraste étrange,
Annonçaient qu'un désir vague et mystérieux
Veillait à son insu sous les rêves de l'ange.
C'est le type idéal que créa Raphaël,
Chaste et passionné, mystique et sensuel.

Cependant sa beauté, rêve d'un autre monde,
Appelait moins l'amour que l'adoration.
On eût cru, la voyant, mélancolique et blonde,
Se pencher vers sa sœur, à l'apparition
Des célestes esprits qui délaissaient leur sphère,
Séduits par la beauté des filles de la terre;

Madeleine était brune et pâle; ses yeux bleus
Avaient de longs éclairs veloutés et fluides.
Quand Blanche rencontrait un regard de ces yeux,
Tout son corps frissonnait sous leurs rayons humides;
Son âme se noyait dans ce regard profond,
Et d'intimes pâleurs lui montaient vers le front.

« Madeleine, dit Blanche après un long silence,
Le monde où vous allez entrer m'est inconnu.
Cette enceinte muette a caché mon enfance,
Et jamais bruit humain jusqu'à moi n'est venu;
Mais le cœur est le guide et l'oracle suprême :
Je crois à vos dangers parce que je vous aime.

Dans ces murs bien des cœurs brisés viennent chercher
Le repos et l'oubli d'un rêve ineffaçable;
Et, comme il est souvent trop cruel de cacher
Les souvenirs brûlants dont le poids nous accable,
Plus d'une a dans mon âme épanché ses douleurs;
Et je connais le monde et l'amour par leurs pleurs.

Ma sœur, sauveras-tu de l'implacable orage
Ce lis immaculé qui fleurit dans ton cœur?
D'invisibles dangers t'attendent au passage,
Et les anges de Dieu tombent par leur candeur.
Mais je tremble surtout que ta beauté céleste
Ne devienne, en ce monde impie, un don funeste.

— Mais pour ange gardien j'aurai ton souvenir,
Répondit Madeleine; et puis qui peut connaître
Ce qu'en son sein fécond nous garde l'avenir?
Dans ce monde maudit je trouverai peut-être
L'amour, cet idéal flambeau dont notre cœur
Illumine toujours ses rêves de bonheur. »

Sans qu'elle sût pourquoi, Blanche, à cette pensée,
Sentit d'un voile épais ses regards se couvrir;
Un poids lourd étouffa sa poitrine oppressée,
Et de son sein gonflé sortit un long soupir,
Et, son cœur débordant comme une coupe pleine,
Elle couvrit de pleurs les mains de Madeleine.

Madeleine partit le lendemain. Longtemps
Blanche suivit des yeux sur la vague lointaine
Le vaisseau disparu dans les brouillards flottants,
Et puis, dans la cellule où vivait Madeleine,
Prosternée, inonda de pleurs et de baisers
La place où tant de fois ses pieds s'étaient posés.

Elle s'agenouillait dans les longues journées
Devant le crucifix témoin de leur adieu,
Et remontait le cours de ses jeunes années.
Elle se revoyait, enfant, sous l'œil de Dieu,
Pour la première fois à la table bénie,
Où l'âme, vierge encore, avec Dieu communie ;

Puis, plus grande et rêvant, dans sa mystique ardeur,
De saints renoncements, d'austères Thébaïdes,
Douce extase de l'âme, ascétique ferveur,
Longues nuits à genoux sur les dalles humides :
Larmes, brûlants soupirs, recueillement divin,
Que son cœur ulcéré redemandait en vain.

Car, depuis bien longtemps, une pensée unique
Avait rempli sa vie : elle se demandait
De quel nom appeler cet attrait magnétique,
Ce charme irrésistible auquel elle cédait ;
Mais un seul mot s'offrait, dont l'idée est un crime,
Et ses yeux se fermaient comme au bord d'un abîme.

Or, un jour, un billet à Blanche fut remis.
Aussitôt qu'elle en eut reconnu l'écriture,
Joyeuse et palpitante, elle en baisa les plis ;
Mais, avant d'en pouvoir achever la lecture,
Elle s'évanouit au milieu des sanglots.
La lettre contenait une fleur et ces mots :

« Ma sœur, je bénis Dieu : j'aime et je suis aimée !
« O Blanche ! puisses-tu, comme moi, quelque jour,
« Entendre, recueillie, immobile et charmée,
« Un mot dit à genoux, un premier mot d'amour ;
« Livrer ta main tremblante à des lèvres ravies,
« Épuiser en un jour le bonheur de deux vies !

« Ils ont maudit l'amour, ils ont osé nier

« Sa divine lumière et lui dire : Anathème!

« Mais que pourrait la voix de l'univers entier

« Contre une seule voix qui vous répond : — Je t'aime!

« Ah! fallût-il souffrir pendant l'éternité,

« Entre l'amour et Dieu mon âme eût hésité.

« Ils disent que l'amour s'envole comme un rêve.

« Non, l'amour ne meurt pas; à l'heure de l'adieu,

« La sainte vision du ciel au ciel s'achève.

« L'amour est éternel, infini comme Dieu!

« Si tu savais! ma vie entière est transformée!

« Mon Dieu, mon Dieu, merci! j'aime et je suis aimée! »

D'implacables clartés brillaient : avec terreur
Blanche en son propre cœur pouvait descendre et lire.
Cette amitié céleste ou cette impure erreur;
Ce rêve chaste et saint, ce monstrueux délire;
Tout ce passé si triste et si doux, tour à tour
Adoré, puis maudit, c'était donc de l'amour?

Comme sous le tranchant d'une lame glacée,
Un frisson contracta son cœur; pour arracher
Madeleine à l'amour, sa première pensée
Avait été d'écrire, et de lui reprocher
D'immoler en un jour, lâche, ingrate et frivole.
Ses plus saints souvenirs aux pieds de son idole.

Parfois elle voulait partir, l'aller chercher,
L'éclairer, la sauver, la ramener près d'elle ;
Mais c'était révéler ce qu'elle eût dû cacher,
Même au prix du salut de sa vie éternelle,
Ou couvrir du manteau des pieuses fureurs
Ses transports insensés, ses jalouses terreurs.

Puis, dans les mornes nuits qu'obsédait un seul rêve,
Des macérations austères, des combats,
Des retours accablants et des remords sans trêve,
Des prières, des pleurs, que Dieu n'exauçait pas ;
Désespoirs infinis, luttes intérieures
Sans écho, sans témoin, pendant les longues heures.

Enfin, elle voulut passer seule, à genoux,

Au milieu de l'église, une nuit tout entière.

Son confesseur, vieux prêtre au front austère et doux,

Devait, le lendemain matin, à sa prière,

Venir l'y retrouver, pour apprendre un dessein

Que Dieu même avait fait éclore dans son sein.

La lampe de l'autel, parmi les grandes ombres,

Projetait la lueur de ses rayons tremblants.

Blanche s'agenouilla sous les arcades sombres,

Plus pâle que les morts, dans son voile aux plis blancs;

Et, pendant cette nuit, sous les noires ogives,

Elle eut, comme Jésus, son jardin des Olives.

« Seigneur, dit-elle, vous qui lisez dans mon cœur,

Dont la miséricorde est pour tous infinie ;

Qui, dans ces murs sacrés, sous votre œil protecteur,

Éleviez autrefois ma jeunesse bénie,

Au nom de votre Fils, pour nous crucifié,

Jetez sur moi, Seigneur, un regard de pitié!

Seigneur, j'avais rêvé pour moi ces saintes flammes,
Reflets de votre ciel, qui doublent le bonheur;
Cet amour chaste et pur, cet hymen de deux âmes
A tout être promis... Etait-ce trop, Seigneur?
Ce bonheur, pour moi seule, en un crime se change,
Et le mauvais esprit prend la forme d'un ange.

Eh bien, s'il me faut dire un éternel adieu
A cet espoir permis à toute créature,
Guidez mes pas tremblants, éclairez-moi, mon Dieu!
Quel baume guérira ma profonde blessure?
Comment fuir cet abîme entr'ouvert sous mes pas?
Que faire enfin? Mon Dieu! vous ne répondez pas! »

Elle pleurait; son front se courbait sur les dalles;
Sous la voûte funèbre aux sonores échos,
Le bruit de ses soupirs montait par intervalles.
Les rayons de la lune, à travers les vitraux,
Caressaient d'un reflet d'argent les boucles blondes
De ses cheveux épars tombant en lourdes ondes.

Puis elle se leva, tremblante, l'œil en feu,

Et reprit d'une voix plus forte sa prière :

« Vous exaucez mes pleurs, soyez béni, mon Dieu !

Vous faites dans ma nuit tomber votre lumière ;

Vous prenez en pitié mes remords infinis ;

Vous m'appelez à vous : mon Dieu, je vous bénis !

Votre souffle a chassé les rêves de la terre.

L'encens pur de l'amour, à vous seul destiné,

Je le brûlais aux pieds d'une idole éphémère :

Vous épurez l'autel un instant profané ;

Et, lorsque vous prenez ma vie en sacrifice,

Vous mettez votre amour dans le fond du calice ! »

L'église s'éclairait sous la vague lueur

Du matin ; à genoux contre un pilier de pierre,

Blanche priait encor, quand son vieux confesseur

Se montra, puis, craignant de troubler sa prière,

S'arrêta sur le seuil. Dès qu'elle l'entendit,

Blanche marcha vers lui d'un pas ferme, et lui dit :

« J'ai passé cette nuit devant l'autel, mon père,
Et dans mon cœur le calme est enfin revenu.
J'oserai confesser devant vous, je l'espère,
Un secret jusqu'ici pour vous-même inconnu.
Si j'avais pu cacher à mon Juge suprême
Ce que j'aurais voulu me cacher à moi-même !

Sans doute cet aveu doit être un premier pas
Vers l'expiation et vers le sacrifice ;
Pourtant, si jusqu'au bout Dieu ne m'accorde pas
La force de subir les coups de sa justice,
Je sens bien que jamais je ne pourrai finir
Cet aveu devant vous, au grand jour, sans mourir.

— Mon enfant, dit le prêtre, à la femme adultère
Jésus ne demanda qu'une larme. Pourquoi
Serait-il aujourd'hui plus dur et plus sévère
Pour vous, pieuse et pure, et fidèle à sa loi,
Élevée au milieu de cette paix profonde,
Sous son aile, à l'abri des orages du monde ?

— Le cortége fatal de leurs tentations
Poursuivait, répond Blanche, au fond de leurs retraites,
Les pères du désert ; les folles passions
Du monde, ses plaisirs éphémères, ses fêtes,
Valent bien, pour les cœurs inquiets et troublés,
Les rêves énervants dont ces murs sont peuplés.

Pardon ! je blasphémais ces pieuses demeures.
Mes sœurs, que Dieu bénit, sont heureuses ; toujours
Pour elles la prière emplit les chastes heures.
Un ange aussi jadis a veillé sur mes jours,
Et, la nuit, je voyais la Vierge immaculée
Qui me montrait ma place à sa cour étoilée.

Mais à ces visions du ciel j'ai dit adieu ;
Un rêve de l'enfer m'embrase et me pénètre :
J'aime comme jamais je n'avais aimé Dieu !
— Confiez-vous en lui, mon enfant, dit le prêtre.
Quoiqu'il ait fait du cloître un port tranquille et sûr,
Il ne condamne pas l'amour dans un cœur pur.

— Non, mon amour n'est pas de ceux que Dieu pardonne :
Sa clémence ne peut à ce point dépasser
Sa justice. O mon Dieu ! ma force m'abandonne !
Son nom ! je n'oserai jamais le confesser... »
Et le prêtre, penché sur elle, et sans haleine,
L'entendit murmurer le nom de Madeleine.

Blanche, en le prononçant, tomba mourante aux pieds
Du vieillard. Lui, devant cette douleur immense,
Redoutait de plonger ses regards foudroyés
Dans ce gouffre insondé de honte et d'innocence.
A ce crime sans nom craignant de pardonner,
Et devant tant de pleurs n'osant pas condamner.

Lorsqu'elle eut épuisé le fiel de son calice,
Blanche sentit la paix dans son cœur revenir,
Et voulut préparer son âme au sacrifice
Qu'elle avait maintenant la force d'accomplir.
Bientôt elle jura de renoncer au monde,
Et le fer fit tomber sa chevelure blonde.

Quelquefois, à genoux pendant un jour entier,
Elle écoutait la voix qui parle aux solitudes.
Il lui semblait alors qu'à force de prier
Sa croix était moins lourde et ses combats moins rudes,
Et même elle y trouvait une amère douceur.
Mais un jour elle lut un billet de sa sœur :

« Blanche, plains-moi, je meurs écrasée, abattue
« Par le mépris du monde. Oh! depuis quelques jours,
« Je connais bien l'amour, l'abandon qui nous tue,
« La jalousie! O Blanche, ignore-la toujours!
« Je reviens au couvent, chercher, non l'espérance,
« Mais le calme et le droit de pleurer en silence.

« Pour une erreur d'un jour, j'ai tant souffert, hélas!
« Que Dieu m'accordera mon pardon, je l'espère... »
Blanche jeta la lettre et ne l'acheva pas :
Elle était arrivée au haut de son calvaire.
La revoit! mais le cœur en deuil, portant sa croix,
Triste, flétrie, au lieu de l'ange d'autrefois!

Dès lors, dans sa cellule, en silence, immobile,
Morne, les yeux tournés vers les flots de la mer,
Plus pâle qu'autrefois, elle semblait tranquille
Et sentait fuir la vie; et, comme au vent d'hiver
Se penchent lentement les fleurs étiolées,
Elle attendait la fin des heures désolées.

Comme un libérateur qui lui tendait les bras,
Elle voyait la mort sans regrets, sans alarmes.
Parfois, se relevant, elle disait tout bas
Au vieux prêtre, à genoux près d'elle et tout en larmes :
« O mon père ! surtout qu'elle ignore à jamais
Pourquoi je vais mourir et combien je l'aimais ! »

Un matin, de ses sœurs en prière entourée,
Sur ses lèvres pressant une croix de bois noir,
Blanche mourut sereine et comme délivrée.
Madeleine trop tard arriva pour la voir
Et ne put recueillir sa dernière parole
Et le baiser de paix de l'âme qui s'envole.

Pourtant, en l'embrassant, il lui sembla sentir
D'un suprême soupir sa lèvre caressée,
Léger frissonnement qui la fit tressaillir
Comme un muet baiser d'une bouche glacée,
Et l'âme s'envola dans ce dernier adieu
Qu'elle avait attendu pour remonter à Dieu.

PYGMALION

PYGMALION

———

Quand il eut achevé sa blanche Galatée
Que nul regard humain après lui ne verra,
Pygmalion, rêveur, à genoux adora
Sa pensée immortelle en marbre pur sculptée.

Car du corps de la nymphe, avec l'aide des dieux,
Il avait fait tomber l'enveloppe de marbre,
Pareil au bûcheron qui voit, en brisant l'arbre,
La blanche Hamadryade apparaître à ses yeux.

Et, de ce corps divin parcourant les merveilles,
Il évoque à la fois l'ombre de bien des jours,
Et son œil, à travers ces onduleux contours,
Retrouve avec amour chacune de ses veilles.

Alors l'irrésistible attrait de la beauté
Des flammes du désir embrase sa poitrine,
Et, tout rempli d'amour pour son œuvre divine,
Il invoque en ces mots la blonde Aphrodité :

« Reine de la beauté, déesse du sourire !
Toi par qui tout se meut et s'enchaîne et s'attire,
Des gouffres de la mer aux profondeurs des cieux ;
Toi qui donnes la vie aux formes idéales

Et les rêves d'amour aux âmes virginales,
O mère ! ô volupté des hommes et des dieux !

Écoute ma prière, ô fille de l'écume !
Et devant ton autel où le pur encens fume
J'irai me prosterner ; je l'ornerai de fleurs,
J'y sculpterai ton char traîné par les colombes.
A Zeus la foudre, à Zeus le sang des hécatombes,
Zeus règne sur le ciel : tu règnes sur les cœurs.

J'ai cherché l'infini dans les formes sacrées,
Et, répandant mon âme en courbes inspirées,
Dans le marbre assoupli j'ai voulu retenir
Une image du ciel en rêve poursuivie ;
Mais, sans toi, cette fleur à l'Olympe ravie
Aux baisers du soleil ne peut s'épanouir.

O déesse ! elle est là, plus belle que mon rêve !
Dans son sein palpitant que le désir soulève

Allume l'étincelle, et répands à la fois
Tous les trésors d'amour cachés dans ta ceinture;
Secoue autour de toi l'or de ta chevelure,
Donne au marbre glacé la pensée et la voix ! »

Il dit ; et, couronné suivant l'usage antique,
Il fait couler le lait sur l'autel domestique;
L'offrande se consume, et soudain les échos
Sur un mode inconnu répétèrent ces mots :

« O toi que j'ai conduit par d'austères études
A l'inspiration, fille des solitudes!
Refoule ta prière et tes vœux dans ton sein.
L'éternelle beauté se dérobe au vulgaire;
  Elle n'ouvre son sanctuaire
Qu'au seul prêtre de l'art, vierge d'amour humain.

Des secrets de l'Olympe interprète fidèle,
Est-ce donc pour toi seul qu'un Dieu te les révèle?

Et faut-il que l'Idée aille s'ensevelir
Loin du temple sacré d'où ton amour l'exile,
  Au fond d'une prison d'argile,
Et suive le destin de ce qui doit périr?

Calme et fort, à l'abri des passions humaines,
Suis ta route au milieu des régions sereines
Où l'art divin conduit les cœurs religieux;
Car nul terrestre amour ne vaut le sacrifice
  De cette force créatrice
Que l'artiste inspiré partage avec les dieux.

Cette ivresse éphémère à l'art sacrifiée,
Crois-en la voix des dieux, sera vite oubliée
Pour le peuple idéal dont tu seras le roi.
Tu traduiras au monde, en poëmes de pierre,
  Tes rêves de ciel, et la terre
Parmi les noms des dieux fera place pour toi. »

Quand de la voix divine expira l'harmonie,
>Debout devant le trépied d'or,
>L'artiste l'écoutait encor,
Et rêvait, l'œil baissé, maudissant son génie..

>Il interrogea l'avenir,
Un sanglot souleva sa poitrine oppressée ;
Mais sans doute les dieux lurent dans sa pensée
>Et pardonnèrent ce soupir.

Car, tandis qu'il restait pensif, et sans prière,
>Méditant l'oracle des dieux,
>Une main invisible aux yeux
Fit circuler la vie aux veines de la pierre.

>Comme au sortir d'un lourd sommeil,
Galatée à son front souleva sa main pâle ;
Et le sang nuança des reflets de l'opale
>Son corps diaphane et vermeil.

La vierge en souriant s'éveille; sa paupière
    Se relève languissamment,
    Et son regard, de son amant
Rencontre le regard en voyant la lumière.

    Et lui, palpitant et sans voix,
Vers ce sein virginal que la pudeur colore,
Se penche, et d'un premier baiser y fait éclore
    L'âme et l'amour tout à la fois.

La voix qui l'inspirait ne se fit plus entendre;
    En vain il invoqua les dieux :
    Dans son cœur, enchaîné loin d'eux,
Le souffle créateur refusa de descendre.

    Mais qui peut dire si l'amour
Ne paya pas l'oubli promis à sa mémoire?
Qui sait si cette froide éternité de gloire
    Vaut ce bonheur qui dure un jour?

LE SONGE D'ENDYMION

LE SONGE D'ENDYMION

ENDYMION.

Dans la mer d'Hespérie aux vagues empourprées
  Hélios éteint ses flammes sacrées.
Pan, le divin pasteur, de sa flûte aux sept voix
Apaise lentement l'harmonieuse plainte,

Et, sous les dômes verts des antres d'Aracinthe,
    S'endorment en paix les grands cerfs des bois.

Nul n'ira plus troubler leur paisible retraite ;
    La Dryade, au sein de l'ombre discrète,
Entraîne le chasseur sous des bosquets charmants ;
Car c'est l'heure amoureuse où de légers bruits d'ailes
Passent dans l'air autour du nid des tourterelles,
    C'est l'heure du soir propice aux amants.

Mais ce n'est pas pour voir glisser parmi les branches
    L'essaim fugitif des Dryades blanches
Que je suis venu seul au fond des bois sacrés :
C'est pour sentir, du soir à l'aube matinale,
O blonde Cynthia ! ta lueur virginale
    Tomber sur mon front des cieux azurés.

PHŒBÉ.

Je suis la vierge aux pieds d'argent, aux chastes voiles,
Qui guide au ciel le chœur cadencé des étoiles,
    La blanche Artémis, reine des forêts.
Malheur à l'insensé qui de mon culte austère
    A voulu sonder l'auguste mystère,
Et d'un regard profane a surpris mes secrets !

Inquiet, haletant, il s'égare, semblable
Au cerf qu'Éros perça d'une flèche implacable ;
    Vengeant par sa mort la sainte pudeur,
De ses désirs sans frein la meute rugissante
    Par les prés, les champs, les bois d'Érimanthe,
Le poursuit, le déchire et lui ronge le cœur.

ENDYMION.

D'un terrestre désir souillant mon âme altière
Jamais je n'ai d'Éros orné l'impur autel.

Pour un culte plus saint je garde ma prière,
   Et mon cœur est pur comme ta lumière,
   Mon amour profond comme ton beau ciel.

Respirant les rayons nacrés dont tu m'inondes,
Comme les astres d'or dans les cieux attiédis,
O pâle Séléné ! reine des nuits profondes,
   Je veux me baigner dans les chastes ondes
   Des bleus océans où tu resplendis.

PHŒBÉ.

Dors sous le frais abri des forêts poétiques ;
   Je ne puis du ciel descendre vers toi,
   Mais j'ai le secret des philtres magiques ;
Je puis, par la vertu de paroles mystiques,
Dans un rêve divin t'élever jusqu'à moi.

Et demain, sur la terre où le réveil t'appelle,
   Quand se lèvera l'astre matinal,
   Plein du souvenir d'une nuit si belle,
Tu verras luire encor ton amante immortelle
Au ciel immaculé de l'amour idéal.

EMPÉDOCLE

EMPÉDOCLE

Au sommet de l'Etna, debout près du cratère,
Comme Héraclès devant le bûcher de l'Œta,
Embrassant du regard l'Océan et la terre,
Empédocle adora la nature et chanta :

Miroir de l'Infini, flots de la mer divine,
    Gouffre inviolé, grand horizon bleu !
Lampes du ciel profond dont la nuit s'illumine,
    Peuples de l'espace, étoiles de Dieu !

Éternelles forêts, mystérieux ombrages,
    Arome enivrant qu'exhalent les bois !
O solitude sainte! ô voluptés sauvages !
    Bonheur indécrit, liberté sans lois !

O Nature éternelle, impénétrable, immense !
    Ton temple est l'éther, les monts tes autels ;
Dans ta nudité chaste et ta toute-puissance
    Je viens t'adorer, loin des bruits mortels.

Ta flamme, d'où jaillit l'étincelle éphémère
    Qui donne la vie au néant glacé,

M'a tiré de la nuit originelle, ô Mère !
    Ton lait m'a nourri, tes bras m'ont bercé.

Je me suis enivré de ce sommeil sans rêve
    Que verse aux forêts le vent des hivers,
Et de ce lent réveil du printemps, quand la séve
    Couronne les bois de feuillages verts.

J'ai, tour à tour poisson muet dans le flot sombre,
    Taureau dans les champs, aigle dans le ciel,
Lion dans les déserts, sous ses formes sans nombre,
    Pas à pas suivi l'être universel.

Mille fois retrempée à la source des choses
    Mon âme agrandie, en son vol joyeux,
Par l'échelle sans fin de ses métempsycoses,
    Va de l'arbre à l'homme, et de l'homme aux dieux.

Maintenant il me faut une dernière épreuve ;
   Je pars, mais je sais, en quittant le port,
Car déjà du Léthé j'ai traversé le fleuve,
   Qu'un autre soleil luit sur l'autre bord.

Zeus, éther créateur, flamme, aliment des mondes,
   De ton foyer pur l'esprit émané
Y retourne ; et toi, Terre aux entrailles fécondes,
   Je te rends ce corps que tu m'as donné.

Des souillures des sens l'âme humaine se lave
   Comme le métal qu'épure le feu ;
Etna qui me reçois dans ton ardente lave,
   Du sage qui meurt tu vas faire un dieu !

D'un suprême sourire il salua la terre,
Et l'Etna l'engloutit dans son brûlant cratère,

Et bientôt du volcan le reflux souterrain
Rejeta vers le ciel ses sandales d'airain.
Mais, ainsi qu'un navire aux vents livrant ses voiles,
L'esprit du sage errait au-dessus des étoiles.

EUPHORION

EUPHORION

PROLOGUE

Aux royaumes du vide, où l'antique sibylle
Conduisit par la main le héros de Virgile,
S'étendent, près du Styx, les vagues profondeurs
Du séjour sans soleil qu'on nomme Champ des pleurs.

Là, sous un bois de myrte, en des routes discrètes,
Ceux que l'amour brûla de ses fièvres secrètes
Vont fuyant sans repos, même à travers la mort,
L'aiguillon d'un désir qui jamais ne s'endort.
Les amants, le cœur plein de molles lassitudes,
S'égarent deux à deux au fond des solitudes.
Leur rêve les épuise, et de la volupté
Renaissent les désirs pendant l'éternité.

Il en est qui, brûlés de soifs inextinguibles,
Appellent, haletants, des amours impossibles;
Les uns, pensifs et seuls, cœurs à l'espoir fermés,
Car ils ont autrefois aimé sans être aimés;
D'autres, plus délaissés et plus tristes encore,
Exilés de l'amour qu'un souvenir dévore,
Pâles de jalousie, évoquent à la fois
Tous les spectres pleurés du bonheur d'autrefois.
Plus loin passe, pareil aux vagues soulevées,
Le funèbre troupeau des âmes énervées,
Qui, dispersant leur cœur en changeantes amours,
D'un parjure éternel déshonorent leurs jours.

Ce que cette forêt cache dans ses retraites
De sanglots étouffés et de douleurs muettes,
Ceux-là seuls le sauront qui portent dans leurs cœurs
Les frissons de l'amour et ses mornes langueurs.

C'est là qu'Achille vit errer parmi les âmes
Hélène aux pieds d'argent, la plus belle des femmes,
Et le lugubre Hadès, ému de leur beauté,
Réveilla les torpeurs de sa stérilité.
Euphorion naquit dans les champs d'asphodèles;
Sur son dos arrondi s'ouvraient deux blanches ailes;
Hélène le plongea dans le fleuve des pleurs,
Puis invoqua pour lui les dieux inférieurs :

Hadès, Persephoné, divinités funèbres,
Qui régnez au milieu des immenses ténèbres,
  Séjour d'horreur pour les mortels;
Puisse, dans tous les champs et dans toutes les villes,

Le sang des agneaux noirs et des vaches stériles
Rougir vos lugubres autels !

Par vous, seule entre tous les morts, objet d'envie,
L'amour dans mes flancs d'ombre a fait germer la vie ;
Mais que sert-elle aux sombres bords,
Loin du soleil, et loin de la douce lumière,
Au séjour lamentable où voltige, légère,
La foule innombrable des morts ?

Aux airs supérieurs que votre souffle emporte
Mon fils ; ouvrez pour lui l'inexorable porte
De vos royaumes ténébreux ;
Offre ton sein fécond à sa lèvre ravie,
O Terre aux larges flancs, source de toute vie,
Mère antique des dieux heureux !

Mais avant tous les dieux je t'implore et t'adjure,
Éros, toi dont l'esprit plane sous l'ombre obscure

Du bois de myrte où nous rêvons;
O le plus beau des dieux! dompteur de toutes choses,
Appelle autour de lui les zéphyrs et les roses,
Et les parfums et tes chansons.

Elle dit : à sa voix frissonne l'eau d'opale
Du ruisseau qui serpente à travers le bois pâle,
Et deux adolescents, sortant des flots ouverts,
S'avancent à la fois parmi les myrtes verts.
C'étaient les deux esprits de l'amour, et la Grèce
Qui leur donna pour mère une même déesse,
Parmi ses plus beaux noms de dieux et de héros,
Choisit pour eux les noms d'Éros et d'Antéros.

L'un secoue en riant sa chevelure blonde
Tout emperlée encor des frais baisers de l'onde :
C'est lui que tout amant, tout poëte a chanté,
L'amour, qui révéla l'éternelle beauté.
L'autre, dont les cheveux sont noirs comme les ailes,
Voilant de longs cils noirs l'éclat de ses prunelles,

Suit son frère : l'amour qui n'est pas partagé
Est par lui tôt ou tard et sûrement vengé.

ÉROS.

Oui, ton fils avec moi passera l'onde amère,
    Fille de Léda, que chérit ma mère.
Tous les bonheurs, enfant, vont naître sous tes pas;
    Va, la vie est belle et t'ouvre ses bras.

    Volant à ton gré sur tous les rivages,
Tu pourras remonter et descendre les âges;
    Car tu naquis loin du monde, en dehors
De l'espace et du temps, impuissants sur les morts.

ANTÉROS.

Hélas! quel avenir t'attend, ô fils d'Hélène!
    Au monde idéal ton destin t'enchaîne;

Le bonheur de la terre en vain t'appellera,
    Toujours ton orgueil le repoussera.

    Tu mépriseras l'amour de Zeus même;
Mais, comme les Titans, dans un combat suprême,
    Vaincu, foudroyé, tu retomberas
Sous les débris du monde ébranlé par tes bras.

I

Salut, Himalaya, berceau des premiers âges,
Dont le front, par delà le plus haut des nuages,
Loin, bien loin dans l'éther immobile et dormant,
Sur les grands horizons règne éternellement !
O géant, roi des monts, de quel orgueil sublime
S'enfle ton cœur de dieu, quand, de ta blanche cime,

Sur ta tête tu vois le ciel, et sous tes pieds
L'Inde, ton bel empire, et ses bois de palmiers,
Et ses fleuves tombés de tes mains, et ses villes
Où dorment les tombeaux des peuples immobiles;
Terre douce et féconde, où mille voluptés
Exhalent leurs parfums dans les airs enchantés.

Les vieux fleuves au loin règnent sur l'or des plaines
Et déroulent en paix leurs majestés sereines.
Ils s'égarent souvent dans l'ombre des grands bois,
Et leur voix se confond avec les mille voix
Qu'étouffe la forêt sous ses voûtes obscures.
Alors, pour assoupir et mêler les murmures,
Les cèdres du rivage inclinent leurs fronts noirs;
De l'un à l'autre bord, comme des encensoirs,
Les lianes en fleurs lançant leurs girandoles,
S'enlacent sur les flots en obscures coupoles.

Mais est-il un seul lieu sur la terre, ô Kachmir!
Qui vaille ta vallée et ton ciel de saphir?

L'Himalaya, debout près de toi, te protége,
Et sur les horizons dresse son front de neige;
Et les vents du tropique, en passant sur les fleurs,
Chargent leurs ailes d'or de magiques senteurs.

C'est là, parmi les fleurs, sous la brise embaumée,
Qu'Euphorion ouvrit sa paupière charmée.
Saluant la lumière, il contemple, ébloui,
Les changeants horizons qui s'ouvrent devant lui,
Et jette, en secouant l'or de sa chevelure,
Un caressant sourire à toute la nature,
Et ses ailes d'argent volent d'un libre essor
Dans les airs ruisselants d'azur, de pourpre et d'or.

C'est l'heure où le soleil, sous sa voûte profonde,
Baigne la terre en fleurs dans sa lumière blonde;
Le lac, les champs féconds, les bois mystérieux,
Nagent dans l'éther calme en souriant aux cieux.
Et la vie en tous sens frémit, filtre et serpente,
Flot mobile et fécond, séve luxuriante,

Long torrent de parfums, de lumière et de bruit,
Qui fermente et bouillonne, en fleurs s'épanouit,
S'exhale en chants d'oiseaux, coule en flots, monte en gerbe
Insectes scintillants, reptiles sous les herbes,
Fleurs dans les champs, poissons nacrés dans le flot clair,
Bruissement de l'eau, bourdonnement de l'air;
Et du lac de cristal, de la plaine dorée,
De la forêt touffue, obscure, enchevêtrée,
L'hymne de volupté, s'échappant à la fois,
Au ciel immaculé monte par mille voix :

Peuple des airs, des eaux, des champs, des bois pleins d'om
   Créatures sans nombre,
Sous le dôme infini des grands cieux étoilés
   Chantez, aimez, volez.
Que tout être s'abreuve aux sources d'où ruisselle
   La vie universelle !
Flux et reflux, naissance et mort, fête éternelle
   Où tous sont appelés !

Étoiles d'or, mêlez en rondes cadencées
>> Vos courbes enlacées;
Mondes errants, suivez vos guides dans les cieux!
>> Sur leurs fronts radieux,
Comètes, déroulez comme des auréoles
>> Vos vagues paraboles!
Chœurs alternés du ciel, entretiens sans paroles,
>> Appels mystérieux!

Croisez-vous, circulez, effluves électriques,
>> Dans les champs magnifiques
De l'impalpable éther, dans les gouffres profonds
>> De la terre et des monts!
Glissez, coulez, versez dans les bois, dans les plaines,
>> Vos ardeurs souterraines,
Que la terre, sentant vos flammes dans ses veines,
>> Ouvre ses flancs féconds!

Fraîche haleine des fleurs, parfums, caresses molles
>> Que voilent leurs corolles,

Voix des grands palmiers verts échangeant leurs baisers
  Dans les vents embrasés;
Roucoulements d'amour, soupirs des tourterelles,
  Doux frémissements d'ailes,
Volez, suspendez-vous sur les brises nouvelles,
  Murmures apaisés !

Volupté ! volupté ! source de toute vie,
  La nature ravie
T'appelle ! La vois-tu palpiter et frémir
  Sous l'éternel désir?
Mêle encor, pour noyer notre soif haletante,
  Dans la coupe énervante
Tes magiques poisons, et la séve brûlante
  Du fruit qui fait mourir !

Les êtres tour à tour meurent sous ton étreinte,
  Mais toi, volupté sainte,
Tu rejettes, ainsi que des jouets brisés,
  Tes amants épuisés.

Les générations de toute créature
>
> Passent comme un murmure,
>
Mais la toute-puissante, immortelle nature
>
> Renaît sous tes baisers !

EUPHORION.

Tes esclaves sans nombre attendent, ô nature !
La part de volupté que ta main leur mesure ;
L'hymne sans fin vers toi s'élève : que te sert,
A toi, bercée aux chants de cette cour joyeuse,
> O nature orgueilleuse !
Une note de plus dans ce vaste concert ?

Assez d'êtres sans moi t'obéissent, ô reine !
Et se courbent devant ta force souveraine ;
Je ne puis m'atteler à ton char triomphal.
Brisant les chaînes d'or que ton orgueil me rive,
> Par ma force native
Je veux prendre mon vol vers le monde idéal.

Jusqu'au terme rêvé je tracerai ma voie,
Loin des torrents d'amour où leur force se noie,
Loin de ce tourbillon qui les emporte tous,
Et je saurai, du ciel traduisant le mystère,
      Faire voir à la terre
Des formes de beauté dont Dieu sera jaloux.

Dans ce monde de l'art, plein de clartés sereines,
Sans trouble j'entendrai les chants de tes sirènes;
Leurs fascinations ne pourront m'éblouir.
Toujours dans le miroir uni de ma pensée
      Leur image tracée
En poëmes de marbre ira s'épanouir.

Ainsi, pour pénétrer dans la sphère divine,
Euphorion chassait du fond de sa poitrine
Le désir du bonheur qui ne dure qu'un jour.
Sans le connaître encor repoussa-t-il l'amour,

Ou bien méprisa-t-il des voluptés conquises?
Je ne sais : car il est des âmes indécises
Pour qui l'amer dégoût devance le plaisir,
Et chez qui l'espérance émousse le désir.
Cependant, comme si la nature éternelle
Voulait le retenir et l'enchaîner près d'elle,
Un chant d'adieu, vers lui par la brise emporté,
S'envola, triste et doux comme une nuit d'été :

Adieu ! plus mollement que ne fait la liane
Qui serpente et qui glisse entre les bananiers,
Et plus étroitement que le flot diaphane
  Qui caresse tes pieds,

Dans une étreinte ardente, entre mes bras d'ivoire
Je voulais t'enlacer; je voulais t'endormir
Aux effluves d'amour de ma prunelle noire,
  Et je voulais t'offrir

Mille bonheurs rêvés où le désir succombe,
Philtres qui font aimer, chansons, parfums des fleurs,
Sourires amoureux et baisers de colombe,
  Enivrantes langueurs !

Mais je te souriais en vain : dans d'autres voies
L'orgueil t'égare, et moi, tu me fermes tes bras,
Tu t'éloignes, murant ton âme aux saintes joies
  Que tu regretteras.

Adieu ! la vie est bonne, et tu l'as repoussée ;
Tu foules sans regret les pauvres fleurs d'un jour ;
Insensé ! pour régner seul avec ta pensée
  Tu repousses l'amour !

II

Hélios, rayonnant dans le calme empyrée,
Sur les monts, sur la plaine et sur la mer sacrée,
Darde ses flèches d'or, et du splendide azur
Sur la terre d'Hellas tombe un jour large et pur.
Les grands nuages blancs qui dans l'air vierge glissent
Comme des blocs de marbre au soleil resplendissent.

Dans l'éther inondé de sereines clartés
Se dressent hardiment les grands angles sculptés
Des îles, des rochers et des saints promontoires.
La mer, qui se déroule en vastes nappes noires,
Reflète en son cristal, profond comme les cieux,
Le tableau varié, sévère, harmonieux,
Des temples, des cités, des vaisseaux et des îles :
Partout de purs contours et des lignes tranquilles,
Tout chante, l'air, les bois et le flot argenté,
Tout est force et jeunesse, harmonie et beauté.

La trirème longeant le vieux rocher d'Égine
Conduit Euphorion vers la cité divine
Qui garde le beau nom de Pallas Athéné.
Là, sous l'œil protecteur des dieux d'Homère, est né
Pour l'orgueil de la Grèce et le bonheur du monde,
Un peuple libre, enfant de la terre féconde,
Fort, puissant, créateur de types immortels.
Aux grèves d'Éleusis, où veillent les autels

Antiques, vénérés, de la Grande Déesse,
S'exerce aux jeux sacrés la robuste jeunesse ;
Les couronnes, les cris, volent de toutes parts,
Et sous l'ardent soleil reluit l'airain des chars.
Puis tous les forts lutteurs, aux membres frottés d'huile,
Par les champs d'oliviers se pressent vers la ville
Sur leurs chevaux aux pieds ailés, précieux don
Qu'au peuple de Cécrops accorda Poseidon.

Euphorion les suit jusqu'à l'antique enceinte
Des murs cyclopéens ; de l'Acropole sainte
Tout ton peuple, ô Pallas ! gravit les blancs degrés.
Les vieillards au pas lent, du peuple vénérés,
Augustes, le front ceint de bandelettes blanches,
De l'olivier sacré tiennent en mains les branches ;
Et les beaux enfants nus, de myrte couronnés,
Conduisent en chantant les grands bœufs destinés
A la sainte hécatombe, et portent les amphores.
Des corbeilles en mains, les blanches canéphores

Jonchent le sol de fleurs, et leur robe de lin
Sous ses plis gracieux voile leur corps divin.

Et la flûte et la lyre aux chants sacrés s'unissent;
Des temples spacieux les portiques s'emplissent,
Puis les adolescents apportent sur l'autel
Le vin, les fruits choisis, la farine et le miel;
En l'honneur des grands dieux le sang des taureaux fume,
Et sur le trépied d'or l'offrande se consume.
On présente à Pallas un voile merveilleux,
Splendide, où sont tracés les grands combats des dieux :
Là, les spectres sans nom dont la terre s'étonne,
Les Titans, aux replis de dragons, la Gorgone
Pâle; avec ses cheveux serpents et ses regards
Qui changent l'homme en pierre, et les monstres épars
Nés du sein trop fécond de la Terre irritée,
Geryon, Échidna, l'Hydre, Python, Antée,
Se dressent menaçants contre les dieux du ciel.
Mais eux, calmes et forts, au gouffre originel

Replongent les enfants de l'Érèbe, et la terre
Bénit le règne heureux des dieux de la lumière.

Du voile précieux Pallas reçoit le don,
Et sourit à ses fils du haut du Parthénon.

Sagesse antique ! ô toi qui jaillis tout armée
Du large front de Zeus, ta ville bien-aimée
N'a-t-elle pas payé tes soins et ton amour?
Pour elle, de l'Olympe oubliant le séjour,
Tu lui donnas ton nom, ta force et ta science,
Et l'olivier sacré, nourricier de l'enfance,
Symbole de la paix et des arts créateurs.
Quand l'Asie épancha ses flots dévastateurs,
Les champs de Marathon, les flots de Salamine,
Reconnurent le bras et l'égide divine
Qui brisèrent jadis la force des Titans.
Mais, à leur tour, Pallas, tes fils reconnaissants

Élevèrent pour toi le plus divin des temples,
Sublime piédestal, trône d'où tu contemples
Ce peuple glorieux qui montre à l'avenir
Jusqu'à quelle hauteur l'homme peut parvenir.

Un jour pourtant, pleurant leur force et leur jeunesse,
Les dieux de Phidias, les grands dieux de la Grèce,
Joncheront de débris le temple délaissé.
Mais l'art sacré renaît où ton souffle a passé,
Sainte Hellas ! Ton génie, allumé comme un phare,
Sur les siècles nouveaux, plongés dans l'ombre avare,
Rayonne ; à son aspect se disperse et s'enfuit
Le cortége effaré des démons de la nuit.

Cependant, s'inclinant vers Delphes la divine,
De ses derniers rayons le soleil illumine

Les colonnes de marbre et les frontons sacrés
Le couchant resplendit de nuages pourprés.

Euphorion, debout devant le saint portique,
Embrassant du regard les plaines de l'Attique,
Et le Pyrée aux cent trirèmes, et la mer,
Le front penché, s'écrie, en proie au doute amer

Ce qu'en vain j'ai cherché dans l'immobile Asie,
O race créatrice entre toutes choisie,
Répondez, fils d'Hellas, cet idéal rêvé,
Me le donnerez-vous, et l'avez-vous trouvé!

CHŒUR

STROPHE I

Fils d'Hélène, tu vois la féconde patrie
Des dieux et des héros, Hellas, riche en coursiers :
Ce fleuve est l'Ilyssos, cette plaine fleurie,
La terre de Pallas, fertile en oliviers.
Là, les murs des cités naissent au son des lyres,
Et, du sein de la mer divine, aux matelots,
Souvent Aphrodité, déesse des sourires,
Dans sa conque marine apparaît sur les flots.
Là, les murs des cités naissent au son des lyres,
Les joncs ont des soupirs, et les chênes des bois
De prophétiques voix.

ANTISTROPHE I

Les dieux olympiens, par un divin mystère,
Unissent, dans leurs mille hymens, la terre aux cieux,
Et les héros, dompteurs des monstres de la terre,
Dans l'Olympe étoilé règnent parmi les dieux.
Comme des cygnes blancs, en troupes vagabondes,
Leurs constellations, pendant les nuits d'été,
Guident les matelots; les Néréides blondes,
Dans la mer où naquit Cypris Aphrodité,
Comme des cygnes blancs en troupes vagabondes,
Dénouant leur ceinture et leur robe aux longs plis,
    Baignent leurs flancs polis.

ÉPODE I

Sur les sommets sacrés des blanches acropoles,
    L'œil indulgent des dieux
Contemple chaque jour des danses et des jeux.
La sagesse sourit en gracieux symboles

Dans les temples de marbre aux grands frontons sculptés,
Sur les sommets sacrés des blanches acropoles,
D'où les dieux protecteurs veillent sur les cités.

STROPHE II

Aux rhythmes cadencés des graves mélodies,
Quand Sappho de Lesbos, reine des chants d'amour,
Conduit, la lyre en main, les blanches théories,
Les danses et les chœurs s'enlacent tour à tour.
Chez ce peuple divin, beau comme ses statues,
Les mères, aux sculpteurs, prêtres de la beauté,
Montrent pieusement le corps des vierges nues,
Thème religieux pour un hymne sculpté.
Chez ce peuple divin, beau comme ses statues,
Un temple avec respect garde dans son trésor
  Phryné sculptée en or.

ANTISTROPHE II

Contemple les lutteurs dans le stade olympique ;
La Grèce honore en eux la force et la beauté,
Et chante, par la voix de l'iambe tragique,
La lutte du destin et de la volonté.
Aux fêtes d'Éleusis et des Panathénées,
Avec les noms des dieux du divin Parthénon,
Le peuple chante, au son des flûtes alternées,
Les noms d'Harmodios et d'Aristogiton.
Aux fêtes d'Éleusis et des Panathénées,
Les tyrans savent bien que des glaives vengeurs
    Se cachent sous les fleurs.

ÉPODE II

Couronne-toi de myrte aux fêtes de la Grèce,
    Répète les accents

Des vierges au long voile et des adolescents.

L'éternelle beauté vient des dieux; pour prêtresse

Elle a la poésie aux accords inspirés.

Couronne-toi de myrte aux fêtes de la Grèce,

Fils d'Hélène, en chantant sur les modes sacrés.

EUPHORION.

J'ai souvent invoqué, sur les saintes collines,

Le chœur mélodieux des muses, que conduit

Loxias Apollon, roi des strophes divines;

Et j'ai chanté l'amour, la jeunesse qui fuit,

Et les combats sanglants, et Pergame détruit.

J'ai souvent adoré, dans le marbre captives,

Les images du ciel que l'art dérobe aux dieux;

J'ai demandé l'oubli des heures fugitives

A ce monde idéal qui révèle à nos yeux

Comme un reflet lointain de la splendeur des cieux.

Poétique rivage, où le flot qui soupire
Jette aux vents embaumés des mots harmonieux;
Cortége insouciant des dieux fils de la lyre,
Blanches villes de marbre aux noms mélodieux,
Peuple sacré d'Hellas, recevez mes adieux.

Le spectacle du mal venait troubler ma vie;
J'ai vu ceux qui souffraient dans l'ombre, et j'ai prié
Pour le faible, l'enfant, l'esclave qu'on oublie,
Et mon cœur s'est rempli d'une immense pitié;
Mais vers le ciel d'airain vainement j'ai crié.

Que me fait votre gloire indifférente et fière,
Dieux heureux, qui toujours protégez les plus forts?
Je ne veux plus offrir mon culte et ma prière
Qu'à celui qui promet le pardon au remords,
A la faiblesse un juge, une espérance aux morts.

J'irai dans les déserts emplis d'échos mystiques,
Sur le sable épeler les traces de ses pas,

Et j'attendrai, courbé sous les vents prophétiques,
L'idéale beauté, sans modèle ici-bas,
Que tous vos dieux heureux ne me donneront pas.

LE CHŒUR.

Hélas! hélas! au lieu des chansons et des danses,
   Quels flots de pleurs versés!
Quels cris d'angoisse au lieu des plaisirs repoussés!
Remords que rien n'efface, inutiles souffrances,
   Longs soupirs, lourde croix,
Et l'éternel regret des rêves d'autrefois.

Les dieux vaincus, pendant la nuit impure et douce,
   Aux saintes visions
Mêlent l'attrait vengeur de leurs tentations.
La prière? Malheur à toi! Dieu te repousse,
   Et laisse aux cœurs brisés
Un crucifix muet, froid sous leurs longs baisers.

A ces mots, au moment de reprendre sa route,
Euphorion hésite au carrefour du doute,
Et, pensif, devant Rome il s'arrête un instant
Pour saluer encor le vieux monde en partant.

Il est nuit : Rome dort, sereine et reposée ;
Le Forum est désert ; le sol du Colysée
Boit le sang répandu dans les jeux du matin ;
La lune disparaît derrière l'Aventin.

Chaque temple a fermé sa porte aux yeux vulgaires,
Mais les initiés célèbrent leurs mystères,
Et leur prière, avec l'encens des trépieds d'or,
Dans l'air silencieux vibre et s'élève encor.

Non loin d'eux cependant, au fond des catacombes,
Devant un simple autel qui n'a pas d'hécatombes,
Au milieu des tombeaux, tout un peuple à genoux
A leurs hymnes joyeux mêle un chant triste et doux.

Et l'écho, recueillant les notes dispersées,
Réseau mélodieux de strophes enlacées,
Forme de ces deux voix un accord solennel
Dans un hymne commun s'élevant vers le ciel :

I

Vénus ! reçois nos vœux ; les heureux sont tes prêtres ;
Tu souris, et l'amour enivre tous les êtres ;
 Les fleurs de l'été germent sous tes pas.

II

Dieu mort pour nous, qui fis une vertu des larmes,
Quand on souffre pour toi la douleur a des charmes;
 L'homme t'oublirait s'il ne souffrait pas.

I

O Vénus ! à toi les nuits embaumées,
 Les danses au bruit des chansons aimées,
Les roses de Pœstum autour des coupes d'or.

II

Tu bénis, ô Christ! les rochers arides
Où l'âme des saints, dans les Thébaïdes,
S'épure, et vole à toi d'un plus sublime essor.

I

O Beauté divine, ô reine suprême,
O mère de l'amour et de la volupté!
Appelle, on te suit; souris, et l'on t'aime,
O parure des dieux, ô divine Beauté!

II

Virginité sainte, ô blanche couronne!
Vêtement de lumière aux anges emprunté,
Que l'homme n'eût pas conquis, que Dieu donne,
Parfum des lis du ciel, sainte Virginité!

I

Larmes de volupté, sanglots des nuits heureuses,
Étreintes, soupirs, baisers sur baisers!

II

Larmes du repentir, baume des cœurs brisés,
Pleurs des longues nuits, tristesses pieuses!

I

Plaisir! roi du monde et dompteur des dieux,
Règne sur nos cœurs comme dans les cieux,
Et toi, vole moins vite, ô char muet des heures!

II

Douleur, ô baptême, ô suprême loi!
Heureux qui s'élève, épuré par toi,
Loin du plaisir impie, aux célestes demeures!

I

Trop tôt viendra l'hiver, et puis la longue nuit;
Oublions; fêtons bien la jeunesse qui fuit
Et n'attristons pas la saison des roses.

II

Toute chair a sa croix et tout être gémit :
Espérons, car la mort est proche, et Dieu la mit
　Pour terme suprême aux larmes des choses.

I

Quelques jours encore, ô nuit du tombeau!
La lumière est si douce et la vie est si belle!

II

Ange de la mort, prends-nous sous ton aile,
Quand on s'endort en Dieu, le réveil est si beau!

Comme un son de cristal qui meurt dans l'air sonore,
Se turent les deux voix au réveil de l'aurore.
Euphorion longtemps encor suivit, rêveur,
Cet écho des deux voix qui luttaient dans son cœur;

Puis, poursuivant le cours de son pèlerinage,
Il alla se mêler aux peuples d'un autre âge,
Sans détourner les yeux, de peur de regretter
Le facile bonheur qu'il venait de quitter.

PARABASE

LA DERNIÈRE NUIT DE JULIEN

JULIEN.

Par-dessus tous les dieux du ciel et de la terre,
J'adore ton pouvoir immuable, indompté,
Déesse des vieux jours, morne Fatalité.
Ce pouvoir implacable, aveugle et solitaire,
Écrase mon orgueil et ma force, et je vois
Que l'on décline en vain les inflexibles lois.

Les peuples adoraient le joug qui les enchaîne,
Rome dormait en paix sur son char triomphal,
Des oracles veillaient sur son sommeil royal.
Maintenant du destin la force souveraine
Brise le sceptre d'or de Rome dans mes mains,
Et Sapor va venger les Francs et les Germains.

J'ai relevé l'autel des dieux de la patrie,
Et j'aperçois déjà le temps qui foule aux pieds
Les vieux temples déserts de mes dieux oubliés.
Au culte du passé j'ai dévoué ma vie,
Bientôt sous sa ruine il va m'ensevelir.
Le passé meurt en moi, victoire à l'avenir !

LE GÉNIE DE L'EMPIRE.

Ne crains pas l'avenir, toi dont les mains sont pures,
O dernier défenseur d'un culte déserté,
Qui voulus porter seul toutes les flétrissures

Du vieux monde romain, et couvrir ses souillures
Du manteau de ta gloire et de ta pureté!

En vain tes ennemis ont voué ta mémoire
A l'exécration des siècles à venir;
Le glaive est dans tes mains ; l'incorruptible histoire
Dira ce qu'il fallut à l'amant de la gloire
De force et de vertu pour ne s'en pas servir.

La fortune rendra blessure pour blessure
A ces peuples nouveaux, aujourd'hui ses élus,
Quand leurs crimes aussi combleront la mesure,
Mais mille ans passeront sans laver ton injure,
Car Némésis est lente à venger les vaincus.

O César! tu mourras sous une arme romaine,
La tardive justice un jour effacera
Ce surnom d'apostat que te donna la haine;

Mais le monde ébranlé dans sa chute t'entraîne,
Et ton culte proscrit avec toi périra.

Et moi, je te suivrai, car je suis le Génie
De Rome et de l'empire; unissant leurs efforts,
Tes ennemis, les miens, las de mon agonie,
Veulent voir le dernier soleil de la patrie.
Cédons-leur, le destin le veut, nos dieux sont morts.

III

Maintenant suivez-moi dans les forêts austères,
Sous les arceaux dormants des pâles monastères,
Dans la sainte Allemagne, à la nuit de Noël.
Le vent balaye au loin les nuages du ciel,
Et secoue, en versant sa sauvage harmonie,
Les vieux troncs dépouillés des chênes d'Hercynie,

Et les grands sapins noirs aux rameaux éplorés.
Les pâles horizons par la lune éclairés
S'enveloppent d'épais brouillards par intervalles,
Et la neige, chassée au souffle des rafales,
Étend son blanc linceul, froid manteau des hivers,
Sur la plaine, les monts et les grands bois déserts.

C'est là, loin de la vie et loin des bruits du monde,
Sous les abris discrets de la forêt profonde,
Que se cache aux regards l'église où, prosterné,
Le peuple saint s'écrie : « Un enfant nous est né ! »
Ainsi qu'un bois touffu, les frêles colonnades
Inclinent leurs rameaux et croisent leurs arcades;
Comme autour des vieux troncs, le lierre glisse autour
Des piliers élancés et des flèches à jour,
Et, comme des sapins, les aiguilles gothiques
Dressent dans le ciel gris leurs ombres fantastiques.

Écoutez ! l'orgue saint mêle ses mille voix
Au bruit du vent d'hiver qui gronde dans les bois,

Et les saints dont le front se meurtrit sur les dalles,
Ceux dont le peuple baise à genoux les sandales,
Car leurs pieds bienheureux touchèrent autrefois
Le sol trois fois béni du chemin de la croix;
Les chérubins de pierre aux figures pensives,
Les anges flamboyants qui jettent des ogives
Un reflet de leur robe aux magiques couleurs
Et des rayons de lune épanouis en fleurs,
Tous chantent à genoux les célestes cantiques,
Et la voûte d'azur pleine d'échos mystiques
Redit l'hymne sans fin de l'univers en chœur,
Et jusqu'au marchepied du trône du Seigneur
Les flèches, s'élançant ainsi qu'une prière,
Portent les mille vœux et l'encens de la terre,
Tous nos soupirs mêlés dans un commun soupir,
Avec le sang du Christ pour les faire accueillir.

LE PRÊTRE.

Pécheurs, courbez vos fronts : pour toutes créatures
La force et la vertu viennent du roi des cieux;

Nul n'est grand, nul n'est saint, nul n'est pur à ses yeux.
Dieu dans ses anges même a trouvé des souillures,
Et sur le lit du mort, à l'instant solennel,
Le juste ne sait pas s'il a conquis le ciel.

LES ENFANTS.

Petit enfant Jésus rayonnant dans tes langes,
Les humbles, les enfants dont le cœur est sans fiel,
Sont ceux que tu nommas les élus de ton ciel ;
Et nous, tes préférés, les bien-aimés des anges,
Devant l'humble berceau d'un enfant comme nous,
Nous apportons les vœux de ce peuple à genoux.

LES VIERGES.

Vierge, étoile du ciel qui luis dans le bleu calme,
Notre cœur, pur d'amour humain, dans un couvent,
Ainsi qu'en un tombeau, s'ensevelit vivant ;
Quel terrestre bonheur vaut l'immortelle palme

Que tu nous as promise au ciel, parmi tes lis,
A nous qui pour époux avons choisi ton fils?

LES CROISÉS.

Nous partons, Dieu le veut! qu'il bénisse nos armes :
Car au delà des mers nous l'allons conquérir,
Cité sainte où pour nous son fils voulut mourir.
Nos mères ont mouillé nos casques de leurs larmes :
Que la mère de Dieu les protége! Au manoir
Plus d'une doit mourir avant de nous revoir.

LES ESCLAVES.

Seigneur, toi qui promis aux serfs la délivrance,
Prends pitié de nos pleurs! Nous aurions pu changer
Les fers de l'esclavage en glaive, et nous venger ;
Mais à toi seul, Seigneur, appartient la vengeance.
Seigneur, ton fils est mort pour nous aussi! Pourquoi
Nos cris sont-ils si longs à monter jusqu'à toi?

LES ANACHORÈTES.

Au désert! Pour peupler nos nuits de rêves chastes,
Pour élever à Dieu nos désirs épurés,
Le silence éternel des grands cieux sidérés
Et le recueillement des solitudes vastes!
Le siècle est condamné, le monde va finir :
Au désert, Dieu le veut! Frères, il faut mourir!

LES MORTS.

Nous attendons le jour prédit par les prophètes
Où la voix de l'archange éveillera les morts.
Seigneur, délivre-nous! le ver ronge nos corps,
La tempête et l'orage ont passé sur nos têtes,
L'abîme nous dévore, et de la profondeur
De nos tombeaux glacés nous t'implorons, Seigneur.

CHŒUR.

Les mondes à l'abri de ta toute-puissance
Roulent entrelacés dans un ordre éternel;
Sur l'humble fleur des champs et sur l'oiseau du ciel
Veille éternellement ta calme Providence :
Et nous, pour qui ton fils est mort, nous tes enfants,
Nous t'implorons en vain depuis plus de mille ans.

Seigneur, nous t'adorons le front dans la poussière;
Mais, si tu veux compter nos péchés, qui pourra
Soutenir ton regard, et qui te répondra?
Monte vers lui, parfum de l'âme, humble prière;
Montez comme l'encens du soir, larmes des cœurs
Qu'abreuve le torrent des célestes douleurs.

Et sous les arceaux noirs des longs piliers gothiques,
Les soupirs de la foule et l'encens des cantiques

Montaient, et tout le peuple agenouillé pleurait,
Et l'éclatante voix de l'orgue saint vibrait.
Le prêtre, sous l'azur de la nef constellée,
Élevait des deux mains l'offrande immaculée :
Pourtant Euphorion, devant un noir pilier,
Seul debout, mesurant de son regard altier
La croix resplendissante aux cent clartés des cierges,
Mêlait la voix du doute aux chants d'amour des vierges.
L'église frémissait sous ce blasphème impur,
Et les anges pleuraient dans leurs niches d'azur :

Seigneur, pour tes enfants la justice est bien lente ;
N'avons-nous pas assez souffert, assez pleuré,
Et ne verrons-nous pas, après mille ans d'attente,
    Sur la nue éclatante
    Ton Christ transfiguré ?

Seigneur, cette sueur de sang qui nous inonde,
N'a-t-elle pas lavé le crime originel ?

N'est-il pas temps enfin que ta voix nous réponde?
    Le calvaire du monde
    Sera-t-il éternel?

Humiliant son front, le sage à la science
A préféré la foi; pour le cloître et ses pleurs
La vierge a rejeté l'amour rêvé; l'enfance
    T'offre son innocence,
    L'esclave ses douleurs.

Quel souffle loin du ciel chasse donc la prière?
T'endors-tu donc aux chants des séraphins en chœur?
Meurs-tu, pour racheter les fils d'une autre terre,
    Sur un autre calvaire?
    Où donc es-tu, Seigneur?

Non! le nouveau calvaire où sa tombe se creuse
N'aura pas de réveil ni de troisième jour;
Son glas de mort, aux chants de la terre oublieuse,

Dans la nuit pluvieuse
Va sonner sans retour.

Mais ne le pleurons pas, et comptons ses victimes ;
Tortures, noirs cachots, gibets, bûchers en feu,
Spectres de mort, fuyez dans les sombres abîmes !
  Fallait-il tant de crimes
  Pour condamner un Dieu ?

Fantômes de la nuit que chasse la lumière,
Fuyez ! Je règne seul sur les cieux agrandis !
Hommage de la peur, silence, humble prière !
  Vous, rois et dieux, arrière,
  Retirez-vous, maudits !

L'orgueil fait dans mon sein frissonner chaque fibre :
Tombez, fers du captif ! foi de l'enfance, adieu !
Un cri de délivrance au fond de mon cœur vibre :
  Je suis fort, je suis libre,
  Je suis roi, je suis dieu !

L'église à ces accents s'ébranle; la nef sombre
Tremble sur ses piliers, et des oiseaux sans nombre,
Avec les chérubins sculptés aux pendendifs,
S'envolant vers le ciel, poussent des cris plaintifs.
Le contour vacillant de la voûte étoilée,
Comme au miroir d'un lac une image troublée,
Comme un palais magique en un rêve trompeur,
S'efface et fond en vague et bleuâtre vapeur;
Tous les saints des vitraux, tous les anges des voûtes,
Dispersés dans les airs, volent par mille routes,
Et, suivant du regard leur fuite, Euphorion
Entend tomber sur lui leur malédiction:

Sois maudit! Tu voudrais porter le poids du monde,
Tu voudrais arracher l'image du saint lieu,
  Tu voudrais vaincre Dieu!
Sois maudit! Dans la nuit éternelle et profonde,
Tu fuiras, à travers la vague immensité
  Sans cesse ballotté.

Tantôt tu lasseras tes ailes déployées,
Tournoyant à travers l'immensité du ciel
    Dans le vide éternel,
Et tantôt tu suivras des routes dépouillées
Pour vaincre, en un combat sans cesse renaisssant,
    Un adversaire absent.

Tu poursuivras en vain ton long pèlerinage ;
Tes genoux s'useront sans trouver jusqu'au soir
    Un abri pour t'asseoir.
Tu vogueras sans but sur des mers sans rivage,
Où nul astre ne brille à travers l'air voilé
    Dans le ciel dépeuplé.

Comme sur la montagne, avant sa mort, Moïse
Vit les champs réservés à sa postérité,
    Qui n'avait pas douté,
Le fantôme rêvé d'une terre promise
Fascine tes regards ; mais tu ne la verras
    Qu'au jour où tu mourras.

Les rayons du matin percent la brume grise;
A la place où la veille était la grande église,
La foule, sans abri contre les vents d'hiver,
Redemande le toit qui la couvrait hier.
Mais bientôt, dispersés dans la forêt obscure,
Les sages, à travers les champs de la nature,
Vont chercher, pleins d'ardeur, dans des sentiers perdus,
L'arbre de la science et ses fruits défendus.
Les peuples, sous le vent qui déchire les nues,
S'élancent en chantant vers les mers inconnues,
Et l'esclave, brisant ses fers, arme son bras
Pour la Liberté sainte et les derniers combats.

ÉPILOGUE

Un chant de mort. Voici ce que je vis en rêve :
La nuit couvrait Paris; sur la place de Grève
Ondulait tout un peuple, ainsi qu'aux vents d'hiver
Roulent amoncelés les grands flots de la mer.
Mais nul bruit ne sortait de cette foule immense,
Qui s'agitait avec un effrayant silence :

Ce peuple n'était pas du monde des vivants.
Çà et là je voyais, parmi les flots mouvants,
Des hommes au front pâle, à la prunelle ardente,
Et dont le cou portait une ligne sanglante.
Ces hommes, sérieux, tristes, calmes et forts,
Semblaient guider la foule innombrable des morts.
J'eus bientôt reconnu les ombres vénérées
De nos grands-pères morts dans les luttes sacrées,
Et, craignant leur courroux pour nous, leurs fils maudits,
Je prosternai mon front contre terre et je dis :

« O nos pères, pardon ! Géants, fils de la terre,
Dont les bras entassaient Ossas et Pélions,
Quand des dieux oppresseurs l'Olympe solitaire
Croulait au vent de feu des révolutions.

. . . .
. . . .
. . . .
. . . .

. . . .
. . . .
. . . .
. . . .

Alors, pareil au bruit des flots que le vent roule,
J'entendis s'élever, de toute cette foule,
Un immense sanglot dont le ciel retentit,
Puis une voix vibra dans l'air sonore, et dit :

. . . .
. . . .
. . . .
. . . .

. . . .
. . . .
. . . .
. . . .

La vision de mort n'était pas achevée ;
Comme un roc noir battu par la mer soulevée,
Un immense échafaud dans les airs se dressa,
Et l'immolation des martyrs commença.

Tous ceux qui, pour le nom de la sainte Justice,
Avaient donné jadis leur vie en sacrifice,
Venaient de l'Occident, venaient de l'Orient,
Les uns en combattant, les autres en priant ;

Ceux-ci, les yeux tournés vers la voûte infinie,
Suivaient leur divin rêve à travers l'agonie.
D'abord parut le Dieu qu'une Vierge enfanta,
Pâle et sanglant, ainsi qu'aux jours du Golgotha ;
Puis ceux qu'aux cris joyeux de la foule en attente
Les tigres déchiraient sur l'arène sanglante ;
Ceux dont les chants de mort, sur les bûchers en feu,
Aux hymnes des bourreaux se mêlaient devant Dieu,

Et tous ceux qu'au milieu de tortures sans nombre
Les cachots de l'Église étouffèrent dans l'ombre.
Les yeux levés au ciel, le pardon dans le cœur,
Tous disaient en mourant : « Mon Dieu, pardonne-leur! »

Ceux-là, libres et fiers, race de Prométhée,
Gardaient sur l'échafaud leur colère indomptée,
Et pour leur testament léguaient à l'avenir
Un glaive avec ces mots : « Vivre libre ou mourir! »
Mais en vain ils cherchaient dans la foule endormie
Une larme, un regard, une parole amie :
Le peuple abandonnait ses défenseurs mourants
Et revenait baiser la main de ses tyrans.
Les martyrs répondaient à l'insulte, à la haine,
En lançant vers le ciel des tronçons de leur chaîne,
Et mouraient en chantant l'hymne de liberté,
Ou répétaient tout bas : « Sainte simplicité! »

Et toujours, cependant, ainsi qu'avant l'automne
Tombent les épis mûrs quand la faux les moissonne,

Sur le sombre échafaud se pressaient pour mourir
Les martyrs du passé, puis ceux de l'avenir.
Alors, debout parmi les dépouilles sanglantes,
Invoquant les grands dieux des vengeances trop lentes,
Euphorion maudit tout le peuple, lançant
Aux quatre vents du ciel des gouttes de leur sang :

Vous avez su mourir, ô Christs de tous les âges !
  Mais tous, et même les plus forts,
Vous pâlissiez devant l'insulte et les outrages
  De ceux pour qui vous êtes morts.

Demi-dieux rédempteurs, héros du sacrifice,
  Dans votre nuit des Oliviers,
Tous vous disiez : « Seigneur, détourne ce calice ! »
  Et tous pourtant vous le buviez ;

Et vous leviez les yeux vers les sphères sereines
  Où brillait votre astre idéal ;

Car, par delà ce flot des lâchetés humaines,
    La croix se change en piédestal,

Et le temps ceint vos fronts d'une auréole pure
    Au jour des tardifs repentirs.
Mais ce peuple, qui n'a que l'opprobre et l'injure
    Pour ses sauveurs et ses martyrs,

. . . .
. . . .
. . . .
. . . .

. . . .
. . . .
. . . .
. . . .

Alors se confondit la vision nocturne
Que pour moi le sommeil évoquait de son urne;
Dans l'abîme sans borne où mes yeux se noyaient,
De grands astres éteints çà et là tournoyaient.
Comme un vaisseau perdu dans l'Océan des mondes,
La terre s'égarait en courses vagabondes;
Le soleil, — oh! qu'un seul, un seul rayon béni
Traversât seulement les champs de l'Infini!
Mais dans les cieux nageait un crépuscule pâle;
Par instants mugissait la lugubre rafale
Que Dante vit planer sur les cercles maudits;
Puis un silence morne, et les vents engourdis
Laissaient les mers sans vague et de brume voilées.
Cependant, au milieu des plaines désolées,
Vibrait comme l'écho d'un mugissement sourd,
Et dans l'air sans étoile errait un brouillard lourd.

Comme les cris mêlés de mille oiseaux funèbres,
Un dernier cri de mort monta dans les ténèbres,

Et de l'immensité l'écho le répéta.
Alors Euphorion prit sa lyre et chanta :

Adieu ! tout est fini ! la nuit règne sans borne
    Sur l'immensité morne,
Et ne ramènera, ni demain, ni jamais,
    Le soleil que j'aimais.

Encore un chant. A toi mes dernières paroles,
A toi qui fais pleurer tout ensemble et consoles,
    O divin souvenir !
Esprit des anciens jours, descends de ton étoile ;
Étends autour de moi ton aile d'or, et voile
    L'implacable avenir.

Je regrette ces jours de fraîcheur printanière
    Où la sainte lumière

Montrait à mes regards, pour la première fois,
La verdure des bois.

Oh ! la neige des monts, les torrents, l'ombre épaisse,
Fleurs des rives, lotos, gazons verts que caresse
Le flot calme et dormant !
Mystères des forêts, profondeurs insondées,
Où mes ailes d'argent, par les brises guidées,
Volaient si librement !

Et puis voici les chœurs, et, dans les plaines blondes,
Les danses vagabondes,
Et l'incarnation de la sainte Beauté
Dans le marbre sculpté,

Les frontons blancs, les Dieux souriants et sans nombre,
La vie heureuse et libre, et les baisers dans l'ombre.

J'entends vibrer dans l'air
Comme un écho lointain de chansons oubliées,
Et frissonner au vent les tresses déliées
Des nymphes de la mer.

Pendant les longues nuits, au fond des cathédrales,
A genoux sur les dalles,
J'ai mêlé ma prière et mes pleurs aux soupirs
Des saints et des martyrs;

Puis j'ai voulu chercher, dans d'austères études,
L'arbre de la science, au fond des solitudes
Où Dieu l'avait planté;
Et j'ai suivi les pas de la phalange ardente
Qui voulait conquérir sur l'arène sanglante
La sainte liberté.

Toujours devant mes yeux, comme devant les mages,
De radieux mirages

Brillaient, et je suivais l'astre qui m'avait lui.
Mais en vain aujourd'hui,

Dans un vague lointain, j'entends chanter les brises ;
Les Édens d'Orient et les terres promises
Ne m'attireront plus.
Si je priais encore, à Dieu, que je renie,
Je ne demanderais, ô jeunesse bénie !
Qu'un seul des jours perdus.

Puisque mes Dieux sont morts, qu'au vent de ma pensée
Leur cendre est dispersée,
Dormons du lourd sommeil qu'en son gouffre béant
Nous garde le néant.

Là sont les jours pleurés de ma jeunesse morte.
Que les peuples nouveaux marchent où les emporte
Le muet avenir !
Au linceul du passé couchons-nous en silence ;

Dormons sans rêve; adieu, piéges de l'Espérance,
Poisons du souvenir!

Voici la grande nuit. Si jamais, ô mes frères!
Vers de meilleures terres
Le souffle de l'Esprit vous emporte, donnez
Une larme aux aînés!

Dans ses courses, parfois l'essaim des hirondelles
S'arrête, et, près du terme espéré, pleure celles
Qui tombent en chemin.
O mortels! suspendez votre course rapide;
Pleurez ceux qui sont morts en rêvant l'Atlantide
Où vous serez demain.

LES FILETS D'HÉPHAISTOS

LES FILETS D'HÉPHAISTOS

—

Quand la faux de Kronos rendit le ciel stérile,
Le sang du grand ancêtre et sa fécondité
Répandirent dans l'onde une écume subtile
D'où sortit comme un lis la blanche Aphrodité.

Alors le ciel sourit, et, dans l'éther immense,
Des Dieux et des Titans monta l'hymne joyeux :
Et l'univers charmé salua ta naissance,
O mère, ô volupté des hommes et des Dieux !

Les éléments discords apaisent leur querelle ;
Dompté par tes regards invincibles et doux,
Arès, le dur guerrier, dès que ta voix l'appelle,
Rend la paix à la terre et tombe à tes genoux.

S'endormant dans l'oubli des guerres disparues,
Bienheureux ! il repose entre tes bras sacrés ;
Les glaives meurtriers se changent en charrues,
Et des sillons sanglants sortent les blés dorés.

Saint hymen, d'où naîtra la céleste Harmonie !
Sous les regards amis des astres inclinés,
Force et Beauté, l'épouse à l'époux est unie ;
Dans un réseau d'amour ils dorment enchaînés.

Un Dieu puissant forgea cette trame invisible,
Le Dieu des profondeurs, qui souffle, loin du jour,
Aux veines des métaux la flamme irrésistible,
Et dans les cœurs vaincus l'irrésistible amour.

Forge, ouvrier divin, la chaîne inextricable,
Croise les nœuds du fer mobile, viens unir,
O grand Axiéros, ô flamme infatigable !
La beauté toujours jeune à l'immortel désir.

Le mystère sacré d'où sortira la vie
Réjouit les grands Dieux sur l'Olympe assemblés :
Répands, divin Soleil, sur la terre ravie,
Le rire éblouissant des cieux immaculés.

L'IDÉAL

L'IDÉAL

―――

Je ne voudrais rien des choses possibles ;
Il n'est rien à mes yeux qui mérite un désir.
Mon ciel est plus loin que les cieux visibles,
Et mon cœur est plus mort que le cœur d'un fakir.

Je ne puis aimer les femmes réelles :
L'idéal entre nous ouvre ses profondeurs.
Ľabîme infini me sépare d'elles,
Et j'adore des Dieux qui ne sont pas les leurs.

Il faudrait avoir sa vierge sculptée
Comme Pygmalion, et retrouver le feu
Qu'au char du soleil ravit Prométhée :
Pour incarner son rêve, il faudrait être un Dieu.

Dans les gais printemps, la jeunesse dore
Les plus âpres sentiers de ses ardents rayons ;
Mais plus tard, qui peut rallumer encore
Le soleil éclipsé de ses illusions ?

Les rêves s'en vont avec l'espérance ;
N'importe : marchons seul, comme il convient aux forts.
Sans peur, sans regrets, montons en silence
Vers la sphère sereine et calme où sont les morts.

Grande Nuit, principe et terme des choses,
Béni soit ton sommeil où tout va s'engloutir;
O Nuit! sauve-moi des métempsychoses,
Reprends-moi dans ton sein, j'ai mal fait d'en sortir

SOUVENIR

SOUVENIR

―――

Le matin souriait, humide de rosée ;
　Du haut du ciel pâle un brouillard changeant
Étendait sur le lac et la plaine arrosée
　Son voile onduleux aux lueurs d'argent.

Le soleil s'éveillait sous les nuages roses,
 Et, dans chaque perle où son disque luit,
Au calice entr'ouvert des fleurs à peine écloses
 Buvait lentement les pleurs de la nuit.

Aux bois où les chevreuils ont de fraîches retraites,
 Sous les verts taillis tout peuplés d'oiseaux,
Les eaux vives, sortant de leurs grottes discrètes,
 Glissaient à travers les frêles roseaux.

L'air matinal, chargé de brumes transparentes,
 Mêlait aux parfums vagues et flottants
Ce frémissement clair de musiques errantes
 Qui sort du gazon les jours de printemps.

Aujourd'hui, j'ai revu cette douce vallée,
 Mais je l'aimais mieux dans mon souvenir.
Elle m'a semblé triste et nue et désolée;
 Il eût mieux valu n'y pas revenir.

Où sont les frais sentiers où les âmes jumelles,
    Au murmure ami des ruisseaux chanteurs,
Parmi les bosquets verts, connus des tourterelles,
    Aimaient à rêver sous les profondeurs ?

Si j'avais un secret pour évoquer les ombres,
    Hélas ! je sais bien qui j'appellerais.
Tout s'illuminerait dans ces chemins si sombres,
    Et moi-même aussi je rajeunirais.

O char silencieux des heures étoilées !
    Reviens sur la route, et ramène encor
Les blanches visions pour jamais envolées,
    La folle espérance et les songes d'or.

Pourquoi ne peut-on pas, seulement pour une heure,
    Percer ces brouillards d'hiver gris et froids,
Et revoir un rayon du cher printemps qu'on pleure,
    Un petit coin bleu du ciel d'autrefois ?

CREMUTIUS CORDUS

CREMUTIUS CORDUS

———

Les peuples vieillis ont besoin d'un maître;
Ce n'est plus en eux qu'ils cherchent la loi.
Dans un autre siècle il m'eût fallu naître :
Il n'est point ici de place pour moi.

L'idéal qu'avait rêvé ma jeunesse,
L'étoile où montaient mes espoirs perdus,
Ce n'était pas l'art, l'amour, la richesse,
C'était la justice; et je n'y crois plus.

.

Mais je suis bien las de ces tyrannies
Qu'adore en tremblant le monde à genoux :
Peuples énervés, races accroupies,
Nous léchons les pieds qui marchent sur nous.

Le présent est plein d'odieuses choses,
L'avenir est morne et désespéré :
Si l'on peut choisir ses métempsychoses,
Ce n'est pas ici que je renaîtrai.

Quand la mort, brisant la dernière fibre,
Au limon natal viendra m'arracher,
S'il est quelque part un astre encor libre,
Là-haut, dans l'éther, je l'irai chercher.

. . .

HELLAS

HELLAS

———

De l'antre de la nuit sortait la blonde aurore ;
La lutte de l'hiver et du joyeux printemps
Aux grands échos du ciel retentissait encore :
Devant les jeunes Dieux fuyaient les vieux Titans.

Du limon fécondé par de chaudes haleines
La race des Héros naissait sur les hauteurs,
Et les peuples nouveaux descendaient dans les plaines,
Et sous leurs pas germaient les hymnes et les fleurs.

Un brouillard d'or, du fond de l'humide vallée,
Vers les splendeurs d'en haut montait comme un encens ;
Sur les cimes fumait la neige inviolée,
Les chênes inclinaient leurs feuillages puissants.

A l'âpre odeur des monts, sous les forêts profondes,
L'hyacinthe mêlait ses aromes dans l'air ;
Les filles des sommets neigeux, les fraîches ondes,
Dansaient dans les roseaux avec un rire clair.

Aux lointains bleus, du haut des sacrés promontoires,
Les vents marins soufflaient sous l'azur éclatant ;
Blanches comme l'écume au front des vagues noires,
Les filles de la mer bondissaient en chantant.

Parmi les tourbillons d'argent du large fleuve,
Les cygnes blancs voguaient ; le grand ciel radieux
Enveloppait d'amour la terre vierge et neuve,
Tout l'univers chantait la naissance des Dieux.

Nos voix accompagnaient son immense murmure :
Ses Dieux étaient nos Dieux, et de l'humanité
Il semblait s'exhaler, comme de la nature,
Des effluves de force et de virginité.

Car la nature était pour nous comme une mère ;
Bercés dans ses bras blancs, dormant sur ses genoux,
Ses fils ne trouvaient pas encor sa coupe amère :
Les Dieux des premiers jours étaient si près de nous !

Sur l'Olympe inondé des clartés de l'aurore
On les voyait, baignés dans le matin vermeil,
Conduisant le grand chœur sur un rhythme sonore,
Et faisant circuler des frissons de réveil.

Dans l'éther lumineux et dans la mer profonde,
Dans les antres sacrés, dans les champs, dans les bois,
Ils étaient l'harmonie et la beauté du monde,
Ses principes vivants, ses immuables lois.

Leur souffle nourrissait nos robustes poitrines,
Ils nous enveloppaient de grâce et de beauté ;
Ils versaient sur nos fronts leurs lumières divines,
Et dans nos jeunes cœurs la sainte volupté.

Des amis indulgents, non des maîtres sévères !
Calmes, beaux comme nous, souriant à nos jeux ;
Et, comme les aînés guident leurs jeunes frères,
Ils descendaient vers nous et nous montions vers eux.

Quand l'Orient versait comme des avalanches
Sur notre sol sacré ses peuples destructeurs,
La lance au poing, du haut des acropoles blanches,
Ils combattaient pour nous, les Dieux libérateurs.

Comme ils méritaient bien l'amour d'un peuple libre!
Qu'un long concert s'élève autour de leur autel!
Des fêtes et des jeux! que chaque lyre vibre!
La terre ne sera jamais si près du ciel.

Dieux heureux, dont le culte était la joie humaine,
Les danses, les chansons et les vierges en chœur,
Les athlètes puissants luttant nus sur l'arène,
Et les fronts couronnés, et la santé du cœur.

Et surtout le respect des glorieux ancêtres,
Des héros immortels, gardiens de la cité,
Et l'ardente fierté d'un grand peuple sans maître,
Et les mâles vertus : Justice et Liberté.

Qu'êtes-vous devenus, temples, sacrés portiques,
Dieux de marbre vêtus, si jeunes et si beaux,
Sauvage puberté des fortes républiques,
Culte austère et pieux des illustres tombeaux?

On ne cherchera plus dans les formes sacrées
La révélation de l'ordre universel ;
On n'entend plus la voix des lyres inspirées,
Et la Liberté dort d'un sommeil éternel.

Le phare qui brillait dans la nuit de l'histoire,
S'est éteint pour jamais sous les vents déchaînés,
Et le monde vieilli, plongé dans l'ombre noire,
Ne retrouvera plus ses Dieux abandonnés.

Ils ne parleront plus dans les bois prophétiques ;
Le lugubre avenir en vain rappellera
L'art exilé du monde et les vertus antiques,
Trésors perdus que nul regret ne nous rendra.

Mais vous, débris muets de sublimes pensées,
Marbres épars, quel est le chemin qui conduit
Vers l'âge d'or perdu, les croyances passées,
L'Élysée, où s'en va ce que l'homme a détruit ?

Par delà deux mille ans, loin des siècles serviles,
J'irais, je volerais sur les ailes des vents,
Vers les temples de marbre et vers les blanches villes,
Chez les grands peuples morts, meilleurs que les vivants.

Dieux heureux, qu'adorait la jeunesse du monde,
Que blasphème aujourd'hui la vieille humanité,
Laissez-moi me baigner dans la source féconde
Où la divine Hellas trouva la vérité.

Laissez-nous boire encor, nous, vos derniers fidèles,
Dans l'urne du symbole où s'abreuvaient les forts.
Vos temples sont détruits, mais, ô Lois éternelles !
Dans l'Olympe idéal renaissent les Dieux morts.

Renaissez, jours bénis de la sainte jeunesse,
Échos d'airs oubliés, brises d'avril en fleur !
La menteuse espérance a-t-elle une promesse
Qui vaille un souvenir au plus profond du cœur ?

PANTHÉON

PANTHÉON

Le temple idéal où vont mes prières
Renferme tous les Dieux que le monde a connus
Évoqués à la fois dans tous les sanctuaires,
Anciens et nouveaux, tous ils sont venus;

Les Dieux qu'enfanta la Nuit primitive
Avant le premier jour de la création,
Ceux qu'adore, en ses jours de vieillesse tardive
La terre, attendant sa rédemption ;

Ceux qui, s'entourant d'ombre et de silence,
Contemplent, à travers l'éternité sans fin,
Le monde qui toujours finit et recommence
Dans l'illusion du rêve divin,

Et les Dieux de l'ordre et de l'harmonie,
Qui, dans les profondeurs du multiple univers,
Font ruisseler les flots bouillonnants de la vie,
Et des sphères d'or règlent les concerts ;

Et les Dieux guerriers, les Vertus vivantes
Qui marchent dans leur force et leur mâle beauté,
Guidant les peuples fiers et les races puissantes
Vers les saints combats de la liberté ;

Tous sont là : pour eux l'encens fume encore,
La voix des hymnes monte ainsi qu'aux jours de foi ;
A l'entour de l'autel, un peuple immense adore
    Le dernier mystère et la grande loi.

Car c'est là qu'un Dieu s'offre en sacrifice :
Il faut le bec sanglant du vautour éternel
Ou l'infâme gibet de l'éternel supplice,
    Pour faire monter l'âme humaine au ciel.

Tous les grands héros, les saints en prière,
Veulent avoir leur part de divines douleurs ;
Le bûcher sur l'Œta, la croix sur le Calvaire,
    Et le ciel, au prix du sang et des pleurs.

Mais au fond du temple est une chapelle
Discrète et recueillie, où, des cieux entr'ouverts,
La colombe divine ombrage de son aile
    Un lis pur, éclos sous les palmiers verts.

Fleur du paradis, Vierge immaculée,
Puisque ton chaste sein conçut le dernier Dieu,
Règne auprès de ton fils, rayonnante, étoilée,
Le pied sur la lune, au fond du ciel bleu.

FIN.

TABLE

TABLE

Préface. 1
Prométhée délivré. 1
Chansons allemandes. 65
    I. 67
    II. 69
    III. 73
    IV. 77
    V. 81
Chanson indienne. — L'Açoka. 85
Sonnet. — A Leconte de Lisle. 89
Blanche. 94
Pygmalion. 115

LE SONGE D'ENDYMION.	123
EMPÉDOCLE.	131
EUPHORION.	137
Prologue.	141
I.	146
II.	159
Parabase : La dernière nuit de Julien.	179
III.	183
Épilogue.	197
LES FILETS D'HÉPHAISTOS.	211
L'IDÉAL.	217
SOUVENIR.	223
CREMUTIUS CORDUS.	229
HELLAS.	235
PANTHÉON.	245

www.ingramcontent.com/pod-product-compliance
Lightning Source LLC
Chambersburg PA
CBHW070758170426
43200CB00007B/831